बाल भक्त
ध्रुव

भक्तों की दुनिया का अचल तारा

सरश्री

बाल भक्त
ध्रुव

by **Sirshree Tejparkhi**

प्रथम आवृत्ति : मई 2024

प्रकाशक : वॉव पब्लिशिंग्ज् प्रा. लि., पुणे

प्रिंटर : ट्रिनिटी अकादमी, फॉर कॉर्पोरेट ट्रेनिंग लि., पुणे

ISBN : 978-93-90132-42-3

© Tejgyan Global Foundation
All Rights Reserved 2024.
Tejgyan Global Foundation is a charitable organization with its headquarters in Pune, India.

© सर्वाधिकार सुरक्षित

वॉव पब्लिशिंग्ज् प्रा. लि. द्वारा प्रकाशित यह पुस्तक इस शर्त पर विक्रय की जा रही है कि प्रकाशक की लिखित पूर्वानुमति के बिना इसे व्यावसायिक अथवा अन्य किसी भी रूप में उपयोग नहीं किया जा सकता। इसे पुनः प्रकाशित कर बेचा या किराए पर नहीं दिया जा सकता तथा जिल्दबंद या खुले किसी भी अन्य रूप में पाठकों के मध्य इसका परिचालन नहीं किया जा सकता। ये सभी शर्तें पुस्तक के खरीददार पर भी लागू होंगी। इस संदर्भ में सभी प्रकाशनाधिकार सुरक्षित हैं। इस पुस्तक का आंशिक रूप में पुनः प्रकाशन या पुनः प्रकाशनार्थ अपने रिकॉर्ड में सुरक्षित रखने, इसे पुनः प्रस्तुत करने की प्रति अपनाने, इसका अनूदित रूप तैयार करने अथवा इलेक्ट्रॉनिक, मैकेनिकल, फोटोकॉपी और रिकॉर्डिंग आदि किसी भी पद्धति से इसका उपयोग करने हेतु समस्त प्रकाशनाधिकार रखनेवाले अधिकारी तथा पुस्तक के प्रकाशक की पूर्वानुमति लेना अनिवार्य है।

Baal Bhakt
Dhruv

यह ग्रंथ समर्पित है
उन सभी अभिभावकों (पैरेंट्स) को,
जिन्होंने बचपन से ही अपने बच्चों के मन में
ईश्वर भक्ति के बीज रोपित किए,
जिससे आगे चलकर संसार को उच्च चेतना के
दिव्य व्यक्तित्व मिले और आगे भी मिलते रहेंगे।

विषय सूची

प्रस्तावना	तारों की दुनिया में परम की खोज कैसे करें...............	9
प्रारंभ	आपके अंदर से कौन बोला...............................	13
	देव और दानव में फर्क पहचानें	

खण्ड 1	बालक ध्रुव के जीवन में कैसे आया यू टर्न...........	17
अध्याय 1	बालक ध्रुव के पूर्वज....................................	19
	मन एक, रूप अनेक	
	अब कौन बोला? श्रीराम या श्रीरावण	22
अध्याय 2	ध्रुव, सुनीति और उत्तानपाद का सुखी संसार...............	23
	केवल रुचि नहीं, नीति पूर्ण निर्णय लें	
	अब कौन बोला? नीति या रुचि........................	28
अध्याय 3	बालक ध्रुव के जीवन का यू टर्न.......................	29
	श्रेष्ठत्व की पहचान	
	अब कौन बोला? श्रीकृष्ण या कंस......................	32
अध्याय 4	नीति और रुचि के बीच ध्रुव (विवेक) का चुनाव............	33
	आप खुद को उत्तानपाद बनने न दें	
	अब कौन बोला? हनुमान या अनुमान...................	36
अध्याय 5	बालक ध्रुव को मिला पहला ज्ञान	37
	सर्वश्रेष्ठ पद की शुभेच्छा रखें	
	अब कौन बोला? अर्जुन या दुर्योधन.....................	42

अध्याय 6	बालक का प्रेम परम पिता से..	43
	असली संस्कारी बालक ध्रुव	
	अब कौन बोला? भगवान बुद्ध या बुद्धू.............................	46

खण्ड 2 — बालक ध्रुव का साधना काल कैसे बीता............ 47

अध्याय 7	ध्रुव को मिले देवर्षि..	49
	सच्चा मार्गदर्शक मिलना कृपा है	
	अब कौन बोला? मीरा या मंथरा...	53
अध्याय 8	बालक ध्रुव की कठोर तपस्या और बाधाएँ...................	54
	सच और झूठ के पार परमसत्य की अवस्था	
	अब कौन बोला? देवी सीता या देवी शूर्पनखा................	59
अध्याय 9	ध्रुव ध्यान..	60
	न कुछ अच्छा है, न बुरा, न सच है, न झूठ	
	अब कौन बोला? राजा विक्रम या वेताल......................	63
अध्याय 10	भगवान विष्णु करेंगे ध्रुव दर्शन.......................................	64
	तपस्या का फल	
	अब कौन बोला? शबरी या खबरी.....................................	68

खण्ड 3 — बालक ध्रुव से भगवान विष्णु क्यों और कैसे मिले.. 69

अध्याय 11	बालक ध्रुव का ईश्वर संग वार्तालाप...............................	71
	ईश्वर से एकात्म की अवस्था	
	अब कौन बोला? चैतन्य या चिंता.......................................	74
अध्याय 12	ध्रुव द्वारा हुई भक्ति की अभिव्यक्ति.................................	75
	सच्चा कर्मयोगी	
	अब कौन बोला? विदुर या असुर..	80

खण्ड 4	**भक्तिमय जीवन की अनूठी समझ क्या है**..........	**81**
अध्याय 13	भक्ति का गहरा रंग...	83
	भक्ति बल बने	
	अब कौन बोला? सुविचार या कुविचार.................	88
अध्याय 14	भक्ति रंग न कभी छूटे.......................................	89
	अंतस की पुकार	
	अब कौन बोला? अशोक या शोक (दुःख)...............	92
अध्याय 15	ओवर, अंडर या राइट भक्ति................................	93
	म–मुक्तिदायी, स–संतुष्टिदायी, त–तेजस्वी	
	अब कौन बोला? केवट या कपट..........................	97
अध्याय 16	बालक ध्रुव का तपासन.....................................	98
	अचल सितारे को सदा याद रखें	
	अब कौन बोला? अष्टावक्र या अष्टमाया	101
अध्याय 17	बालक ध्रुव की दृष्टि से देखें जीवन के उतार-चढ़ाव.....	102
	अपने जीवन को उच्च दृष्टिकोण से देखें	
	अब कौन बोला? संत नामदेव या कामदेव................	106
अध्याय 18	समस्त सृष्टि- ईश्वर का संगीत-	107
	ईश्वर का उच्चतम आविष्कार	
	अब कौन बोला? कबीरदास या कल्पनादास...............	110
परिशिष्ट	बाल सुपर स्टार्स..	111
	भारतीय 13 बाल सुपर स्टार्स.............................	113
	विश्व प्रसिद्ध 8 बाल सुपर स्टार्स.........................	116
	तेजज्ञान जानकारी....................................	118-128

ग्रंथ का लाभ कैसे लें

१. यह ग्रंथ आपके लिए दो महीने का पठन शिविर है। इसमें कुल १८ अध्याय दिए गए हैं। आपकी सुविधानुसार दो महीनों में आप यह पठन शिविर पूर्ण कर सकते हैं।

२. इसमें बालक ध्रुव की कहानी, उसके जीवन की तपस्या, उसकी अटल भक्ति को गहराई से समझाया गया है।

३. इस ग्रंथ में हर अध्याय के बाद 'अब आपके अंदर से कौन बोला?' यह नई संकल्पना दी गई है। जिसका लाभ लेकर आप रोज़मर्रा की दिनचर्या में स्वयं का अवलोकन कर, अपने जीवन में सकारात्मक बदलाव ला सकते हैं।

४. इस ग्रंथ के पहले खण्ड में आप बालक ध्रुव का बचपन और उसके जीवन में आए यू टर्न के बारे में विस्तार से जानेंगे।

५. दूसरे खण्ड में बालक ध्रुव का साधना काल, उसकी कठोर तपस्या और परीक्षा के बारे में विस्तार से समझाया गया है। साथ ही बालक ध्रुव के जीवन से प्राप्त हुई समझ को अपने जीवन में उतारने के लिए ध्रुव ध्यान भी दिया गया है। जिससे आपको साधना पथ पर अटल रहते हुए, अपने लक्ष्य को हासिल करने में मदद मिलेगी।

६. तीसरे खण्ड में बालक ध्रुव को भगवान विष्णु क्यों और कैसे मिले, यह जानेंगे। साथ ही इस खण्ड में 'आसान है आसन इंद्रियों का' इस भजन का लाभ आप क्यू.आर. कोड के ज़रिए स्कॅन करके, सुनकर और गाकर भी ले सकते हैं।

७. चौथे खण्ड में भक्तिमय जीवन के लिए दी गई अनूठी समझ पाकर, आप भक्ति और तप के महत्त्व को जान पाएँगे और अपनी आध्यात्मिक यात्रा में तेजी से आगे बढ़ेंगे।

८. ग्रंथ के अंत में दिए गए 'बाल सुपर स्टार्स' की आश्चर्यजनक गुणों को पढ़कर, आप अपने बच्चों के लिए भी ऐसी ही प्रार्थना (टॉस) कर पाएँगे।

प्रस्तावना

तारों की दुनिया में परम की खोज कैसे करें

'ये तारे क्या होते हैं और क्या हमें उनमें ईश्वर की खोज करनी चाहिए?' एक दिन नील ने अपने पिता से पूछा।

एक छोटे से शहर में रहनेवाला नील बहुत ही उत्साही और चंचल बच्चा था लेकिन उसके मन में एक अजीब सी खोज थी। वह अकसर रात को छत पर जाकर तारों को देखता और सोचता कि इनमें कुछ खास है। दिनों-दिन फिल्मी सितारों से ज़्यादा, उसका लगाव आकाश के तारों से बढ़ता गया। वह सदा उनमें कुछ तलाशता रहता।

नील के पिता जो सत्य के प्रेमी थे, मुस्कुराते हुए नील के सवाल पर बोले, 'हाँ बेटा, तारे तुम्हें ईश्वर का दर्शन करवा सकते हैं। यदि तुम उनमें भक्ति की खोज करोगे तो बड़े आनंद में रहकर अपना समस्त जीवन जीओगे।'

तब नील ने कुछ समझा, कुछ नहीं समझा मगर उसे पिता की बात पर पूर्ण विश्वास था कि पिताजी ने कहा है तो ऐसा ही कुछ होगा। फिर उसकी खोज में तीव्रता बढ़ गई। वह हर रात तारों को निहारता और ऐसा करते-करते उनमें डूब जाता, मानो तारे और नील दोनों एक हो गए हों।

ऐसा कई महीनों तक चला। धीरे-धीरे नील का मन चंचल कम, ज़्यादा शांत होने लगा और उसका विश्वास दृढ़ होता गया। अब वह न सिर्फ तारों को देखता बल्कि अपनी अंतरात्मा से जुड़कर, उनसे बातें भी करने लगा।

अब हुआ यूँ कि तारों पर मनन करते-करते, उसके अपने अंदर के तार, तारों से जुड़ गए, जहाँ उसे ईश्वरीय अनुभव हुआ। उसके अंदर के सितारों की दुनिया खुल गई और उसमें आनंद की लहर दौड़ गई। उसे ज्ञात हुआ कि जो तारे (अनुभव) वह बाहर देख रहा है, वे उसके अंदर भी हैं।

साथ ही उसे यह अनुभूति हुई कि ईश्वर केवल मंदिरों, मस्जिदों, गिरिजाघरों में ही नहीं बल्कि हर जगह है। इस तरह अपने जीवन में सच्ची भक्ति का अनुभव पाकर, नील ईश्वर संग एकरूप हो गया। फिर उसका पूरा जीवन ही बदल गया और वह भक्तिमय अवस्था में रहने लगा।

कहानी पढ़कर लग सकता है कि यह कहानी काल्पनिक है, यह गैलीलियो की कहानी नहीं है, जिन्होंने मैग्निफाइंग ग्लास का प्रयोग आम लोगों से हटकर किया। उनके मन में विचार आया कि 'सभी लोग इस मैग्निफाइंग ग्लास से पृथ्वी पर पड़ी वस्तुओं को देख रहे हैं लेकिन मैं इससे पृथ्वी के ऊपर की ओर देखूँगा।' इस तरह उन्होंने अपनी सोच में परिवर्तन लाकर आसमान की ओर देखा और टेलिस्कोप का आविष्कार हुआ। केवल थोड़े से दिशा परितर्वन के साथ उन्होंने ऐसा कारनामा कर दिखाया, जो संसार के लिए वरदान सिद्ध हुआ।

यह कहानी नील आर्मस्ट्राँग की भी नहीं है, जो चंद्रमा पर कदम रखनेवाला पहला इंसान था, जिसने यह घोषणा की थी कि *'मानव का यह छोटा कदम मानवजाति के लिए बड़ी छलांग है।'*

गैलीलियो, नील आर्मस्ट्राँग जैसे वैज्ञानिकों ने बाहरी जगत के क्षेत्र में चाँद, तारों पर खोज करके नए कीर्तिमान स्थापित किए। मगर छोटे नील की यह कहानी आंतरिक जगत की सच्चाई बताती है। जो मन की शुद्धता और दृढ़ विश्वास से ही समझी जा सकती है।

कहने का तात्पर्य कोई भी कार्य, फिर वह बाहरी जगत का हो या आंतरिक, पूरी शिद्दत से किया जाए तो अपना मनचाहा परिणाम प्राप्त होता ही है।

यदि हम सच्चे मन से ईश्वर की खोज में निरंतर प्रयासरत रहें तो अवश्य ही ईश्वर की प्राप्ति होगी। वरना आध्यात्मिक मार्ग पर चलने के लिए ऐसी मान्यताएँ बनी हुई हैं कि

ईश्वर को पाने की राह बहुत कठिन है, इसे साधने में सालों लग जाते हैं; पूरा जन्म ही निकल जाता है; फिर भी उद्देश्य पूरा नहीं होता।

यह हमारे बस का काम नहीं, भक्ति-भजन, ईश्वर प्राप्ति तो बुढ़ापे की बातें हैं।

पहले जीवन का आनंद ले लें, सारी ज़िम्मेदारी पूरी कर लें, फिर उस ओर जाएँगे।

यही कारण है कि लोग भक्ति को जीवन के अंतिम पहर के लिए छोड़ देते हैं कि तब कुछ और नहीं कर पाएँगे तो भक्ति-भजन करेंगे।

इसी सोच को गलत सिद्ध करते हैं, कुछ ऐसे मासूम बाल भक्त, जिन्होंने कठिन समझे जानेवाले उद्देश्य को बचपन में ही सहजता से प्राप्त कर, संसार को सिखा दिया कि ईश्वर प्राप्ति के लिए उम्र और अनुभव ज़्यादा हो, यह ज़रूरी नहीं है। ईश्वर के प्रति तीव्र प्रेम और दृढ़ इच्छा शक्ति ही काफी है, उस तक ले जाने के लिए। इसके लिए बड़ी-बड़ी साधनाओं की नहीं, सहज भक्ति की ज़रूरत है। झूठ, माया, कपट को छोड़कर, ज़रूरत है निर्मल मन और शुद्ध प्रेम की। जिस उम्र में भी यह मिल जाए, उसी उम्र में ईश्वर मिल जाएँगे।

कृष्ण भक्त मीरा ने बचपन में ही कृष्ण संग भक्ति की लगन लगा ली थी। फिर उनका पूरा जीवन कृष्ण भक्ति में ही समर्पित रहा। मुक्ताबाई ने जब से होश सँभाला खुद को विट्ठल भक्ति में लीन पाया और जब तक शरीर ज़िंदा रहा, भक्ति की ही अभिव्यक्ति की।

संसार में ऐसे अनेक बाल भक्त हुए हैं, जिन्होंने भक्ति के अलग-अलग मार्गों पर चलते हुए अभिव्यक्ति की। ऐसे ही एक और बाल भक्त हुए हैं- ध्रुव। जिन्होंने अपने जीवन से यह सिखाया कि

कैसे एक विपरीत परिस्थिति ईश्वर तक पहुँचने की सीढ़ी बन सकती है...

कैसे एक दुःखद समस्या उपहार बन सकती है...

कैसे सांसारिक आकर्षणों, प्रलोभनों से बचते हुए, अपने लक्ष्य पर अटल रहकर ज्ञान प्राप्त करना चाहिए...

कैसे अपने मूल लक्ष्य से कभी समझौता नहीं करना चाहिए...

कैसे कठिन से कठिन परिस्थितियों में भी शांत रहा जा सकता है...

कैसे अपनी दृष्टि ईश्वरीय भक्ति पर ही रखें ताकि पृथ्वी भी हमारे लिए स्वर्ग बन जाए।

बालक ध्रुव की कथा से एक और बात प्रखरता से सामने आती है, गुरु आज्ञा पालन का महत्त्व। यदि हम गुरु आज्ञा में दृढ़ हैं तो अपनी सीमाओं को तोड़कर, हर वह असंभव कार्य कर सकते हैं, जो संभव लगता नहीं। गुरु आज्ञा, परम लेकिन अज्ञात (आध्यात्मिक) विकास की सीढ़ी है।

प्रस्तुत ग्रंथ, भक्ति के मार्ग पर चल पड़े ऐसे भक्त का दर्शन है, जो आज भी अपनी रोशनी से संसार को रास्ता दिखा रहा है कि 'अगर मैं यह कर सकता हूँ तो तुम क्यों नहीं?'

तो चलिए, इस ग्रंथ से सीखें भक्ति की शक्ति से, कैसे नीले गगन के तले, तारों की दुनिया में ईश्वर की खोज करें और अपने परम लक्ष्य (सेल्फ स्टेबिलाइजेशन) को प्राप्त करें।

...सरश्री

प्रारंभ
आपके अंदर से कौन बोला
देव और दानव में फर्क पहचानें

युगों-युगों से अनगिनत धार्मिक ग्रंथों की रचना हो रही है, सिर्फ यह समझाने के लिए कि देवता-दानव, कृष्ण-कंस, राम-रावण, मीरा-मंथरा, अर्जुन-दुर्योधन आदि कहीं बाहर नहीं बल्कि हमारे अंदर की ही एक आवाज़ है।

दानव, जो सदा नकारात्मकता, चिंता, अपराध बोध, निराशा की व्यथा गाता है, उसी का दम भरता है, जिसे सुन-सुनकर इंसान वैसे ही व्यवहार करने लगता है।

दूसरी ओर हमारे अंदर से देवता भी आवाज़ देते हैं। जो सकारात्मकता, साहस, शुद्धता, विश्वास, सेवा, सराहना की कथा गाते हैं। यदि हम उस आवाज़ को सुन, उसका अनुसरण करते हैं तो सफलता की ओर अग्रसर होते हैं। हमारे जीवन में संतुष्टि, उत्साह, प्रेम, आनंद, मौन बढ़ने लगता है।

इसके लिए सबसे पहले यह पहचान होनी चाहिए कि हमारे अंदर से कौन बोल रहा है? शांति या मौन... विश्वास या अविश्वास, सुनीति या कुनीति... हमारे द्वारा ईश्वर द्वारा हुई इस सुंदर संसार की सराहना हो रही है या अंदर से शिकायत ही निकल रही है।

जी हाँ! क्या आपने कभी गौर किया है कि आम इंसान का

जीवन कैसा होता है? उसका जीवन अनगिनत शिकायतों का संग्रह होता है।

सुबह-सवेरे उठते ही उसका ध्यान शिकायतों की ओर खिंच जाता है। जैसे नाश्ता समय पर नहीं मिला, खाने में मिर्ची कम है या न्यूज़ पेपर समय पर नहीं आया आदि। ये शिकायतें सिर्फ छोटी-छोटी बातों पर ही नहीं रुकतीं बल्कि अन्य समस्याओं पर भी टिकती हैं। कभी कामवाली नहीं आई, कभी कोई सामान गुम हो गया या कोई ज़रूरी काम देरी से हुआ।

इन शिकायतों के चलते इंसान न केवल स्वयं तकलीफ भुगतता है बल्कि दूसरों को भी इनमें घसीटता है।

इनके अलावा रोजमर्रा के कार्य में उसका अधिकतर समय व्यापारिक या नौकरी संबंधित मुद्दों को हल करने में बीतता है। फिर भी शिकायतों की सूची खत्म नहीं होती। घर आते-आते उसे रिश्तों में कई समस्याएँ नज़र आती हैं, किसी से मनमुटाव, विश्वास की कमी या फिर किसी से हुआ वाद-विवाद आदि से वह घिरा रहता है।

इन मामलों से निपटते हुए वह ऐसी स्थितियों से जूझता है, जो उसे और अधिक शिकायतें करने पर मजबूर करती हैं। उदाहरण के लिए समाज में अपराधिकता के मामले, न्याय संबंधित उलझनें या स्वास्थ्य संबंधित समस्याएँ। कुल मिलाकर देखें तो इंसान अपने जीवन के विभिन्न क्षेत्रों में अनेक समस्याओं का सामना कर, उन्हें हल करने के लिए शिकायतें दर्ज करते रहता है।

ऐसे में सवाल उठता है कि शिकायतों से मुक्ति का कोई स्थाई इलाज है? तो जवाब है, 'हाँ इन सबका स्थाई इलाज है।'

इस दुनिया में हर तरह के लोग, जीव-जंतु, छोटे-बड़े जानवर हैं। सेल्फ (ईश्वर) द्वारा सभी तक मदद पहुँचाई जा रही है, सभी उसका लाभ भी ले रहे हैं। केवल इंसान ही एक ऐसा जीव है, जो ईश्वर की मदद लेने में आनाकानी करता है। वह सोचता है, 'मैं ज्यादा पढ़ा-लिखा, अकलमंद हूँ इसलिए मैं अपना दिमाग लगाऊँगा... अपने तरीके से जीऊँगा... समस्या को मैं अपने हिसाब से सुलझाऊँगा।' जिस कारण उस तक ईश्वर द्वारा भेजी जानेवाली हेल्प नहीं पहुँचती बल्कि शिकायतें ही उठती हैं।

असल में आपके अंदर से सेल्फ (ईश्वर) लगातार आपसे कुछ कहने की कोशिश कर रहा होता है। वह आपका जीवन सुखमय बनाना चाहता है, शिकायतों से मुक्ति दिलाकर, आपको स्वअनुभव पर ले जाना चाहता है। परंतु चाहकर भी आप

तक उसकी अवाज़ पहुँच नहीं पाती। क्योंकि व्यक्ति (खुद को अलग माननेवाला अहंकार) की बड़बड़ निरंतर चल रही होती है। ऐसे में मौन कुछ बोलना चाहे भी तो कैसे बोले? जबकि हर शरीर को सेल्फ की हेल्प से आइना बनाया जा रहा है। तप (ध्यान) से यह आइना (शरीर) साफ होता है, जिसमें सेल्फ अपना दर्शन करना चाहता है।

मगर आप अपने चारों तरफ जो चीज़ें, दृश्य, घटनाएँ देखते हैं, उन पर कुछ डायलॉग्स बोलते हैं। वे डायलॉग्स यदि रिकॉर्ड करके, वापस आपको ही सुनाए जाएँ तो पता चलेगा कि इनमें केवल व्यक्ति के ही शब्द सुनाई दे रहे हैं, सेल्फ के शब्द तो हैं नहीं या हैं भी तो वे व्यक्ति के शोर की वजह से सुनाई नहीं दे रहे हैं। आपको आश्चर्य होगा कि पूरे दिन... पूरे हफ्ते... महीनों... सालों... जीवन के अंत तक कहीं पर भी सेल्फ को बोलने का मौका ही नहीं मिला। ज़रा सोचें, आज तक आपने कितनी बार सत्य वचन बोले होंगे, 'अहम् ब्रह्मस्मि... तत्व मसि... तेजम... सहजम... ध्यान... भक्ति में मगन...' आदि।

ईमानदारी से अलग-अलग घटनाओं में जब आप स्वयं का अवलोकन करेंगे तो पता चलेगा कि सेल्फ कुछ बोल रहा है मगर व्यक्ति की बड़बड़ के कारण सेल्फ की आवाज़ दब जाती है इसलिए आप उसे सुन नहीं पाते। मानो व्यक्ति ने सेल्फ के मुँह पर पट्टी बाँधकर उसे चुप करा दिया है।

जिस तरह किसी इंसान को कुर्सी के साथ बाँध दिया जाता है, उसी तरह सेल्फ को भी कुर्सी के साथ बाँध दिया गया है। सेल्फ के हाथ पीछे बाँधकर, मुँह पर टेप लगाकर उसे कुर्सी पर बिठा दिया है कि 'तुम चुप रहो, हमें बहुत काम हैं। आज तो ध्यान के बारे में सोचना ही मत।'

कहने का अर्थ इंसान सत्य से बहुत दूर जा चुका है। फिर भी सेल्फ का प्रेम ऐसा है कि जहाँ भी मौका मिले, बाहरी-आंतरिक संकेतों द्वारा वह निरंतर आपको बता रहा होता है कि 'ध्यान में बैठो... मुझे बोलने का मौका दो... स्वअनुभव पर जाओ...।' यदि सेल्फ के मुँह पर लगाई गई पट्टी एक सेकण्ड के लिए भी हट जाए तो वह यही बोलेगा, 'ध्यान में बैठो। मेरी आवाज़ (मेरी बात) सुनो।'

कितने आश्चर्य की बात है, जिस कारण से शरीर मिला, जिसे अभिव्यक्त होने का मौका मिलना चाहिए, उसे ही व्यक्ति की हरकतों ने चुप करा दिया है। मौन जो बोलना चाहता है, उसे वह बोलने का मौका ही नहीं दिया गया। व्यक्ति मन की उलझनों में फँसकर केवल अपनी परेशानियाँ बताता है। उस पर जो ज़िम्मेदारियाँ हैं, उनका दुःखड़ा रोता है कि 'यह कब तक करना है... मेरे साथ ही ऐसा क्यों हुआ... आखिर ऐसा कब तक चलेगा...' आदि। असल में सेल्फ ये सब नहीं बोलना चाहता। ये सारी शिकायतें मन की हैं।

सेल्फ (ईश्वर) की चाहत है कि आपके अंदर से मौन ही बोले, मौन द्वारा मिली ऊर्जा से ही आपके सारे कार्य संपन्न हों। इसके लिए आपको अपने मनोशरीर यंत्र (शरीर) की सफाई कर, मौन का अनुभव करना होगा यानी 'मौन' शब्द बोलकर उस मौन का अनुभव भी करना है।

जब आपके अंदर 'प्रेम, आनंद, मौन' आए तो समझ जाएँ कि यह 'मौन' बोला। इसका अर्थ आपने अपने अंदर सेल्फ को बोलने का मौका दिया।

जो लोग निरंतर ध्यान करते हैं, वे यह कह पाते हैं, 'मौन को बोलने दो, उसकी पट्टी खोलो' और जब मौन बोलता है तो उसे वे कहते हैं, 'और बोलो।' भले ही मौन की भाषा उन्हें समझ में न आए लेकिन उसका बोलते रहना अब उन्हें पसंद आने लगता है।

जैसे बच्चा जब तोतली भाषा में बोलता है तो चाहे हमें समझ में न आए हम उसे कहते हैं, 'फिर से बोलो और बोलो' क्योंकि हमें उससे प्रेम है। उसका तुतलाकर बोलना हमें पसंद आता है। वैसे ही मौन के बोलने से इंसान निहाल हो जाता है, खुशहाल हो जाता है। इसलिए जीवन में हर बार स्वयं से सवाल पूछकर जागृत हो जाएँ कि 'कौन बोला...!' इससे मौन को ज्यादा से ज्यादा बोलने का मौका मिलेगा और आप अपने जीवन में केवल सेल्फ को अभिव्यक्त होते हुए देखेंगे।

यही सही तरीका है जीवन की सारी शिकायतें खत्म ही नहीं बल्कि एक साथ विलीन करने का।

इसका अभ्यास करने और आपकी सुविधा के लिए, इस ग्रंथ में हर अध्याय के बाद एक प्रयोग दिया गया है, 'आज आपके अंदर से कौन बोला?' इस पर ज़रूर मनन करें और ज़्यादा से ज़्यादा मौन को बोलने का मौका दें। अर्थात व्यक्ति की बड़बड़, शिकायतें बंद कर, अपने अंदर के सेल्फ की आवाज़ सुनें, सेल्फ से तालमेल बढ़ाएँ और बालक ध्रुव की तरह उच्चतम स्थान पाएँ।

खण्ड १

बालक ध्रुव के जीवन में कैसे आया यू टर्न

जब ईश्वर आपको याद करने लगता है तब आपको बिना प्रयास ईश्वर याद आने लगता है। जब ईश्वर आपसे भक्ति करवाना चाहता है तब वह आपके जीवन को ऐसी दिशा देता है, जहाँ दुःख-सुख, ताना-प्रशंसा आपके लिए निमित्त बनते हैं।

१

बालक ध्रुव के पूर्वज

मन एक, रूप अनेक

पौराणिक कथा अनुसार मनु और शतरूपा संसार के पहले पुरुष और स्त्री थे। सृष्टि की वृद्धि के लिए प्रजापति ब्रह्मा ने अपनी देह के दो भाग करके एक भाग से मनु नामक पुरुष तथा दूसरे भाग से शतरूपा नामक स्त्री का निर्माण किया। इनकी संतानों से फिर समस्त जनों की उत्पत्ति हुई। मनु की संतान होने के कारण सभी लोग मानव कहलाए।

आइए, इस कहानी को विस्तार से समझते हैं। मनु शब्द की उत्पत्ति मन से हुई है। ऐसा प्राणी जिनके पास मन है, वह मनु, मनुज, मनुष्य आदि कहलाता है। मनु, मन का प्रतीक है। शतरूपा, का अर्थ है- सैकड़ों रूप। मन तो सभी का एक है। सभी को प्यार, प्रशंसा, ध्यान चाहिए होता है। जब यह मन और काया जुड़ते हैं तब निर्माण होते हैं अलग-अलग रूप, पृथक अस्तित्व।

कहानी में मनु और शतरूपा का बेटा हुआ। उसका नाम रखा गया उत्तानपाद। रूप और मन के संगम से जो व्यक्तित्व बना, उसके अंदर एक ऐसा मन पैदा हो गया जो हर वक्त तुलना, तोलना करता है। चीज़ों को अच्छा-बुरा कहता है। इसे तोलू मन कहते हैं। इस तोलू मन के गुण लेकर पैदा हुआ उत्तानपाद।

उत्तानपाद का अर्थ क्या हो सकता है? आपने उत्तानपाद आसन का नाम सुना होगा। इसमें जमीन पर लेटकर टाँगों को ऊपर ९० डिग्री पर उठाना होता है। ऐसे में पाँव ज़मीन पर नहीं रहते। अहंकारी, शेखचिल्ली

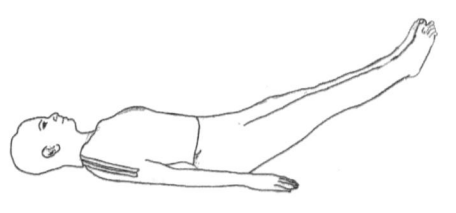

की कल्पनाओं में खोए इंसान का प्रतीक है यह नाम। उत्तानपाद के पाँव ज़मीन पर तब रहने लगे, जब सुनीति के साथ उसकी शादी हुई। सुनीति यानी सुंदर नीति।

जैसे श्रीराम की नीति थी- '**प्राण जाए पर वचन न जाए**'। वे सारा जीवन इस पर अटल रहे। श्रीकृष्ण की नीति थी- निष्काम कर्म करना। इस तरह अनेक आध्यात्मिक नीतियाँ हैं। जब इंसान नीतियों से जुड़ता है तब उसके पाँव ज़मीन पर आते हैं। वह काल्पनिक दुनिया में नहीं, सत्य की दुनिया में जीता है।

माया प्रति क्षण कल्पनाएँ देती रहती है और इंसान उसमें रहकर पूरा जीवन जी लेता है। अंत में उसे पता चलता है कि जो सोचकर मैंने जीवन जीया, वैसा कुछ था ही नहीं। कितना बड़ा धक्का है यह इंसान के लिए। मृत्यु उपरांत उसे कुछ बातों का खुलासा होता है। तब वह पछताता है, 'काश! मुझे एक मौका मिले, मैं किसी तरह उससे माफी माँग सकूँ।' इसी फिक्र में वह भटकता रहता है त्रिशंकू की तरह। ऐसे में मोक्ष तो दूर की बात है, सोचें कैसी दुर्गति है। इससे बचने के लिए इंसान को अपने जीवन में ही कल्पना से बाहर आना होगा।

कल्पना यानी इंसान अपने रिश्तेदारों, मित्रों पर जो लेबल लगाकर व्यवहार करता है कि 'फलाँ मुझे नीचा दिखाना चाहता है...फलाँ जान-बूझकर मेरे साथ बुरा बर्ताव करता है...।' लेबल से परे सामनेवाला कौन है, वह नहीं देख पाता। उसके अंदर सेल्फ की क्या अवस्था है, जान नहीं पाता। उससे कैसा व्यवहार करना चाहिए, उसे नहीं पता क्योंकि वह अपने शरीर में भी सेल्फ की अवस्था नहीं जानता। जैसे ध्रुव की कहानी में उसकी सौतेली माँ ने जब उसे पिता की गोद में बैठने से मना किया तो हम उसे दुष्ट, ईर्ष्यालु कहते हैं। लेकिन विष्णु की गोद पा जाने के बाद ध्रुव जब वन से वापस आया तो उसी माँ को उसने धन्यवाद दिए क्योंकि वह जानता था, उनके ही कारण उसे अचल पद प्राप्त हुआ।

कहानी में उत्तानपाद की शादी सुनीति नामक कन्या से हुई। जीवन बढ़िया चल रहा था। मगर अचानक उसके जीवन में दूसरी पत्नी ने प्रवेश किया। उसका

नाम था- सुरुचि। सुरुचि के आने से उत्तानपाद के पाँव हवा में रहने लगे क्योंकि वह नीति से अलग हो गया। अब सुरुचि की बातें उसे बहुत पसंद आने लगीं। यहाँ सुरुचि शौक, व्यसन, आकर्षण का प्रतीक है। इंसान जीवन में कुछ नीतियाँ तय करता है और अचानक किसी आकर्षण में फँसकर नीतियों को बाजू कर देता है।

जैसे एक ऑफिसर ने नीति तय की कि 'ईमानदारी से काम करूँगा। कभी भी पैसों की लालच में रिश्वत नहीं लूँगा।' अब लोग अपना काम करवाने के लिए आते और उसे दस-बीस हज़ार रिश्वत देने की कोशिश करते तो वह साफ इनकार कर देता था। लेकिन एक दिन किसी इंसान ने उसे एक लाख रुपए का ऑफर दिया। अब ऑफिसर की नीयत डोलने लगी। उसे अपनी ज़रूरतें दिखाई देने लगीं, जो चुटकी में पूर्ण हो सकती थीं। बस, उसने नीति को छोड़, आकर्षण का हाथ थाम लिया। ये है उत्तानपाद के लक्षण, रुचि में उलझकर विचलित हो जाना।

आपके जीवन की नीति क्या है, रीति क्या है? इस पर ज़रूर मनन करें। यदि अब तक नीति नहीं बनाई है तो अब बनाएँ और कड़ाई से उसका पालन करें। होशपूर्वक देखें कि ऐसी कौन सी बातें हैं, जहाँ आपकी नीति कमज़ोर पड़ने लगती है? अर्थात उन बातों पर आपको गहरी साधना करने की ज़रूरत है।

उत्तानपाद की अवस्था से निकलने के लिए ध्रुव आसन धारण करें। बालक ध्रुव आज भी ध्रुव तारे के रूप में जाना जाता है, जो अपनी जगह कभी नहीं छोड़ता। ध्रुव का अर्थ है स्थिर, अविचल, अकंप। अपने लक्ष्य के प्रति ध्रुव की तरह अभिप्सा (प्रबल प्यास) रखकर, हम भी अपने कार्य में लगे रहें तो कोई शक नहीं कि एक दिन हम उसे पा लेंगे।

आइए, अगले भाग में बालक ध्रुव के जन्म की कथा का लाभ लेते हैं।

इस ग्रंथ में हर अध्याय के बाद *'अब कौन बोला'* यह संकल्पना दी गई है। इसमें उदाहरण के तौर पर कुछ सांकेतिक पंक्तियाँ दी गई हैं। जिनका तात्पर्य है, आप अपनी पूरी दिनचर्या में स्वयं का अवलोकन कर, देखें कि आपके अंदर से अब कौन बोला।

अब कौन बोला? श्रीराम या श्रीरावण

श्रीराम के आर्शीवचन क्या होंगे :

- चाहे धन, दौलत चली जाए, अपने वचन का पालन करें।
- अपने सभी कर्तव्य, मर्यादा के साथ निभाएँ और समाज के लोगों की चेतना बढ़ाएँ।
- अपने शत्रुओं के साथ भी सहानुभूति और करुणाभरा व्यवहार करें।
- जाने-अनजाने किसी के लिए, किसी भी प्रकार के दुःख का कारण बनें तो उससे तुरंत क्षमा माँग लें।
- अपने जीवन की हर लड़ाई अनासक्त भाव से और मर्यादा में रहकर लड़ें।

श्रीरावण के दुर्वचन क्या होंगे :

- मैं संसार की सबसे बड़ी सत्ता हूँ और इसका मुझे अभिमान है।
- धर्म और नैतिकता की बातें करनेवाले लोग मूर्ख हैं।
- नीति से बढ़कर शक्ति ही मेरा सच्चा धर्म है।

आज दिनभर आपके अंदर से कौन, क्या बोला? नीचे लिखें।

२

ध्रुव, सुनीति और उत्तानपाद का सुखी संसार

केवल रुचि नहीं, नीति पूर्ण निर्णय लें

संसार में भगवान के अनेक भक्त हुए हैं और हर भक्त की कुछ ऐसी विशेषता रही है, जिसने उसकी भक्ति को खास बनाया है। उस विशेषता को ग्रहण करते हुए बाकी भक्त अपनी भक्ति में तीव्रता ला सकते हैं और भक्ति का उद्देश्य पाने में सफल हो सकते हैं।

भक्तों के चरित्र के किसी खास गुण से ही आम लोगों में भक्ति जगती है, ईश्वर में श्रद्धा और विश्वास स्थापित होता है। विष्णु भगवान के ऐसे ही एक परम भक्त हुए हैं बालक ध्रुव। उनकी भक्ति को हम अटल भक्ति कह सकते हैं। अटल, अकंप भक्ति यानी ऐसी भक्ति, जो किसी भी परिस्थिति में विचलित नहीं होती।

आइए, भगवान विष्णु के परम भक्त बालक ध्रुव की सुंदर कथा पढ़ते हैं। साथ ही उसमें छिपे माया और भक्ति के रहस्यों को समझते हैं।

राजा का सांसारिक जीवन

राजा उत्तानपाद की पहली पत्नी सुनीति धर्म पर चलनेवाली, भक्ति भाव में रहनेवाली, हमेशा नीति की बात करनेवाली सुशील स्त्री थी। उनके साथ राजा उत्तानपाद का जीवन बड़े सुख में बीत रहा था। जीवन में प्रेम, भक्ति, आनंद था। राजा अपने सभी कर्तव्यों का सहजता से पालन कर रहे थे। सभी सुखी थे।

इसके बाद राजा उत्तानपाद ने सुरुचि नामक स्त्री से विवाह किया, जो बेहद सुंदर और आकर्षक थी। धीरे-धीरे राजा उत्तानपाद का मोह सुरुचि में बढ़ने लगा और वे बड़ी रानी सुनीति से दूर होने लगे। उनका ज़्यादातर समय रानी सुरुचि के साथ ही बीतता। वे उसी की मीठी-मीठी बातों में रमे रहते, उसी की बताई हुई बातों को सच मानते। रानी सुरुचि उन्हें जैसी दुनिया दिखाती, वे वैसी ही दुनिया देखते। कहने का तात्पर्य रानी सुरुचि ने धीरे-धीरे राजा उत्तानपाद के मन, मस्तिष्क और विवेक बुद्धि पर अपना कब्ज़ा जमा लिया था।

रानी सुनीति को एक बेटा हुआ, ध्रुव और सुरुचि को बेटा हुआ, उत्तम। ध्रुव उत्तम से बड़ा था और बड़ा होने के कारण राजगद्दी का उत्तराधिकारी था लेकिन सुरुचि अपने बेटे उत्तम को पिता के बाद राजा बनते देखना चाहती थी। इसी कारण वह ध्रुव और उसकी माँ सुनीति से ईर्ष्या करने लगी। वह धीरे-धीरे उत्तानपाद को सुनीति और ध्रुव के खिलाफ भड़काने लगी। उत्तानपाद भी सुरुचि के प्रभाव में सुनीति और ध्रुव की उपेक्षा करने लगे थे।

सुरुचि, सुनीति और उत्तानपाद कौन?

अब तक आपने कथा का जो भाग पढ़ा, उसमें जिन चरित्रों का वर्णन है, उनके नामों में ही संसारी इंसानों के जीवन का, उनके स्वभाव का रहस्य छिपा है। वह कैसे, आइए समझते हैं।

कहानी के मुख्य पात्र हैं, राजा उत्तानपाद। उत्तानपाद का अर्थ है ऐसा इंसान जिसके पैर ऊपर की ओर हो यानी जैसा होना चाहिए उसके विपरीत। हमें जीवन में जैसे चलना चाहिए, जैसे निर्णय लेने चाहिए, अगर हम उसके विपरीत चलने लगे, निर्णय लेने लगे तो इसका अर्थ है हमारी दिशा ही गलत है। राजा उत्तानपाद ऐसे ही इंसान का प्रतीक हैं।

उनका पहला विवाह होता है रानी सुनीति से। सुनीति शब्द में छिपा है- नीति। नीति यानी सही कार्य करने का तरीका। सुनीति प्रतीक है धर्म का और धर्म के मार्ग पर चलानेवाली सात्विक बुद्धि का। उस बुद्धि का जो हमें गलत रास्ते पर जाने से रोकती है और सही रास्ते पर चलने को लगातार मार्गदर्शन देती है।

इंसान को कुदरत विवेक बुद्धि देती है। जब तक वह अज्ञान, अहंकार और विकारों के वशीभूत होकर मायावी आकर्षणों में नहीं फँसता, अपनी विवेक बुद्धि की सुनता है, अपने मन को खुद पर हावी नहीं होने देता तब तक उसका मार्ग सही

रहता है, उसका जीवन शांति और नीति से चलता है। ऐसा तब तक होता है, जब तक इंसान अपनी पहचान अपने शरीर से जोड़कर नहीं देखता बल्कि अपनी चेतना (सेल्फ) से जोड़कर देखता है। चेतना से जुड़ा इंसान कभी भी छोटे-छोटे फायदे के लिए, अपने शरीर को सुख पहुँचाने के लिए, गलत काम नहीं करता। वह नीति पूर्ण निर्णय लेता है।

राजा उत्तानपाद अपनी बड़ी रानी सुनीति के साथ इसीलिए आनंद से रहते थे क्योंकि वे तब अपनी चेतना से जुड़े हुए थे, अपने शरीर से नहीं। फिर उनके जीवन में सुरुचि आई, राजा उत्तानपाद की दूसरी पत्नी। सुरुचि के नाम में ही रुचि है। रुचि यानी हमें पसंद आनेवाली चीज़ें, हमारे मन और शरीर को लुभानेवाली चीज़ें। जब राजा उत्तानपाद सुरुचि से जुड़े तो उसके आकर्षण में फँस गए।

ऐसा ही होता है, जब इंसान अपने शरीर से ज़्यादा जुड़कर जीवन जीता है तो वह मायावी आकर्षणों में ज़्यादा उलझ जाता है। फिर उसका सारा ध्यान रुचि की ओर होता है और वह धीरे-धीरे नीति से दूर होता जाता है। अब इस बात को कुछ सरल उदाहरणों से समझते हैं।

सुनीति कहती है कि यह शरीर भगवान का मंदिर है। इसमें ईश्वर रूपी चेतना विराजमान है इसलिए इसका पूरी तरह ध्यान रखना चाहिए, इसे पवित्र और स्वस्थ रखना चाहिए। इसके लिए सुबह जल्दी उठकर ध्यान, योगाभ्यास आदि से दिन की शुरुआत करनी चाहिए। सात्विक, पौष्टिक और संयमित आहार लेना चाहिए, जीव के स्वाद में नहीं उलझना चाहिए। ऐसा करने से हमारा तन और मन दोनों स्वस्थ रहते हैं।

जब हम पर नीति का प्रभाव ज़्यादा होगा तो हम अपने शरीर की नहीं सुनेंगे बल्कि वही करेंगे जो सही है। सुबह जल्दी उठेंगे, ध्यान, शारीरिक व्यायाम कर, दिन की अच्छे से शुरुआत करेंगे। वही सुरुचि कहती है, 'इतना जल्दी उठने की क्या ज़रूरत है, नींद भी तो पूरी होनी चाहिए। कितना अच्छा मौसम है, सोने में कितना मज़ा आ रहा है। पौष्टिक नहीं, स्वादिष्ट भोजन खाओ और जितना मन करे, उतना खाओ। चार दिन की ज़िंदगी है, इसमें नहीं खाएँगे तो कब खाएँगे!'

शरीर में फँसा इंसान सुरुचि की बात सुनेगा। वह सोता रहेगा और जब कभी उठेगा तो ईश्वरीय विचारों पर सोचने के बजाय, ध्यान करने के बजाय मोबाइल देखेगा। फिर चाय पीते हुए न्यूज़ पेपर पढ़ेगा और दुनियाभर की नकारात्मक खबरें ग्रहण कर लेगा या टी.वी. देखेगा और मनोरंजन में जाएगा। इस तरह वह अपनी

सुबह बर्बाद करके फिर रोज़ के कामों में लग जाएगा। उस समय उसके शरीर और मन को यही अच्छा लगता है। आज जो लोग फोन, टी.वी. मनोरंजनों में ज़रूरत से ज़्यादा उलझे हुए हैं, समझ लो वे आधुनिक उत्तानपाद हैं, जो नीति से नहीं, रुचि से चलते हैं। आधुनिक उत्तानपाद के कुछ और उदाहरण देखते हैं।

एक इंसान पार्टी में गया है। नीति उसे बार-बार रोकती है कि 'उतना ही खाओ जितनी ज़रूरत है, जितना हज़म कर सको, जो तुम्हारा स्वास्थ्य न बिगाड़े' मगर रुचि कहती है, 'पार्टी कौन सी रोज़-रोज़ होती है, आज खुलकर खा लो, परहेज़ कल कर लेंगे' और वह अपनी प्लेट में दो गुलाबजामुन ज़्यादा रख लेता है, ऊपर से एक डिश भरकर आइसक्रीम भी खा लेता है।

एक इंसान की महत्वाकांक्षा है ऑफिस में उसे जल्द से जल्द प्रमोशन मिले और वह ऊँचे पद पर पहुँचे इसलिए सुबह से लेकर रात तक वह काम कर रहा है। खाना खाने की भी फुर्सत नहीं, शरीर को चलाने के लिए चाय-कॉफी पीए जा रहा है। रात को सोते समय भी उसके दिमाग में काम के ही विचार चल रहे हैं।

उसे नीति कहती है, 'काम और जीवन में संतुलन होना ज़रूरी है। जितना महत्त्व काम का है, उतना ही महत्त्व आराम का भी है।' मगर रुचि कहती है, 'इतना काम नहीं करोगे तो तुम्हारा साथी कर्मचारी आगे बढ़ जाएगा, उसे बड़ा पद मिल जाएगा। आजकल प्रतियोगिता का जमाना है, रुककर सुस्तानेवाले पीछे रह जाते हैं। अभी काम कर लो, बुढ़ापे में आराम कर लेना।' वह रुचि की सुनता है, जिसका परिणाम यह होता है कि बुढ़ापा आ ही नहीं पाता। पहले ही हाइपर टेंशन, बीपी और बाकी शारीरिक समस्याओं के साथ वह बुढ़ापा आने से पहले ही दुनिया से चला जाता है, वह भी अस्पताल के बेड पर पड़े-पड़े। ये कुछ ऐसे उदाहरण हैं, जहाँ आप देख सकेंगे कि कैसे आज का इंसान उत्तानपाद बना नीति से दूर, रुचि में फँसकर, अपना जीवन बर्बाद कर रहा है।

जब हम पर चेतना की जगह शरीर की महत्वाकांक्षाएँ, इच्छाएँ, विकार, अहंकार हावी हो जाते हैं तब हम सही निर्णय लेने में सक्षम नहीं रह पाते और कदम-कदम पर ऐसी गलतियाँ करते हैं, जो उस वक्त सही लगती हैं, हमें सुकून और सुख देनेवाली लगती हैं लेकिन बाद में वे हमारे लिए बुरी साबित होती हैं। वे हमारा ऐसा नुकसान करती हैं, जिसकी भरपाई आगे चलकर नहीं होती।

हमारा शारीरिक, मानसिक स्वास्थ्य बिगड़ जाता है। दुःख, चिंता, तनाव, डिप्रेशन जैसी बीमारियाँ आती हैं। हमारे रिश्ते बिगड़ते हैं। जीवन में कभी भी संतुष्टि और पूर्णता की फीलिंग नहीं मिलती। बाद में सिवाय पछतावे के कुछ नहीं बचता। ठीक ऐसा ही राजा उत्तानपाद के साथ हुआ, जब उन्होंने रानी सुरुचि के आकर्षण में फँसकर रानी सुनीति को अनदेखा कर दिया।

अब कौन बोला?
नीति या रुचि

नीति क्या कहेगी :

- व्यवहार में सतर्कता और सावधानी बरतें वरना गलत कदम बड़ी समस्याओं का कारण बन सकते हैं।
- दूसरों के साथ सही तरीके से व्यवहार करें ताकि संबंधों में स्थिरता और सम्मान बना रहे।
- समय-समय पर अपने व्यवहार की समीक्षा कर, अपनी गलतियों से सीखें।
- अच्छे और सकारात्मक व्यवहार से अपना आत्मविश्वास बढ़ाएँ।
- संबंधों में संवाद, समझदारी और सहानुभूति से समस्याओं का समाधान करें और वातावरण में शांति बनाए रखें।

रुचि क्या बोलेगी :

- जीवन में तब ज्यादा मजा आता है, जब बस आराम करने को मिले।
- अपना ज्यादा से ज्यादा समय मनोरंजन में बिताने में रुचि हो।
- अपनी रुचि खेलने, पढ़ने या किसी भी उत्साहजनक गतिविधि में भाग लेने में नहीं बल्कि सिर्फ ऑनलाईन गेमिंग में होनी चाहिए।
- थर्ड पर्सन टॉक (चुगली) आदि में रुचि होने से बहुत मजा आता है।
- कोई भी स्वास्थ्यवर्धक पुस्तक पढ़ने (ज्ञान पाने) से बेहतर है, स्वयं को आइने में निहारते रहने में रुचि हो।

आज दिनभर आपके अंदर से कौन, क्या बोला? नीचे लिखें।

_____

_____

_____

_____

३

बालक ध्रुव के जीवन का यू टर्न

श्रेष्ठत्व की पहचान

अब तक की कथा में आपने जाना कि राजा उत्तानपाद की दो रानियाँ, दो बेटे और दो महल थे। मगर राजा ने रानी सुरुचि के प्रभाव में आकर, रानी सुनीति और उसके पुत्र ध्रुव को बिलकुल नज़रअंदाज़ कर दिया था। राजा उन दोनों के प्रति उपेक्षा का भाव रखने लगे और सारा प्रेम रानी सुरुचि और उसके पुत्र उत्तम पर ही उड़ेलते रहे। बालक ध्रुव चाहता था कि उन्हें भी अपने पिता का प्रेम मिले, वे उनके साथ भी ऐसा ही प्रेमभरा व्यवहार करें, जैसे छोटी रानी और उत्तम के साथ करते हैं।

रानी सुनीति और बालक ध्रुव एक महल में रहते थे और रानी सुरुचि, अपने पुत्र उत्तम के साथ दूसरे महल में रहती थी।

रानी सुरुचि चाहती थी कि उसके बेटे को राजगद्दी मिले। मगर ध्रुव, उत्तम से बड़ा होने के नाते राजगद्दी का उत्तराधिकारी था। इस कारण रानी सुरुचि ध्रुव और उसकी माँ सुनीति से ईर्ष्या करती थी। अपने बेटे को राजगद्दी पर बिठाने के लिए षडयंत्र रचती रहती थी। क्योंकि वह जानती थी अभी से ही सुनीति और ध्रुव के बारे में महाराज के कान भरना शुरू करूँगी तो बड़े होने पर उत्तम को राजगद्दी मिलेगी।

इसी इच्छा के कारण रानी सुरुचि महाराज से हमेशा कहती, 'सुनीति ऐसी है... वैसी है... उसकी मति ऐसी है... उसका दृष्टिकोण ही गलत है इसलिए उसके बेटे में भी वही दृष्टिकोण आएगा न... मेरी सोच देखो कितनी अच्छी है... मेरा बेटा भी बड़ा होकर मेरे जैसा ही बनेगा...' आदि।

कुछ लोग हमेशा अपनी सकारात्मक बातें दूसरों को बताना चाहते हैं ताकि उनकी छवि उत्तम बनी रहे। इसके लिए वे दूसरों की बुराई करने के साथ-साथ झूठ भी बोलते हैं। हालाँकि उन्हें अंदर से महसूस होता है कि 'मैं झूठ बोल रहा हूँ, यह गलत है' मगर विवेक से बढ़कर उनकी वृत्ति ज़्यादा प्रबल होती है।

कहानी में आगे हुआ यूँ कि उत्तानपाद महाराज युद्ध से लौटते हैं। रानी सुरुचि हर्ष के साथ राजा का स्वागत करने आगे आती है। बड़ी रानी सुनीति का अधिकार होते हुए भी वह स्वागत के लिए नहीं जाती क्योंकि वह भली-भाँति जानती थी कि अब तक जिस तरह रानी सुरुचि षडयंत्र रचते आई है, वैसे ही इस बार भी रचेगी और कलह ही होगा। जिसे टालने हेतु रानी सुनीति अपने महल में ही रुकती है।

बालक ध्रुव को जैसे ही पता चला कि पिताजी युद्ध से लौटे हैं तो उसने अपनी माँ से कहा, 'मैं पिताजी से मिलूँगा' और दौड़ते हुए वह पिताजी से मिलने रानी सुरुचि के महल में पहुँचा। उसने देखा कि राजा उत्तानपाद राजसिंहासन पर बैठे हैं और वहीं पास में रानी सुरुचि भी बैठी है। उस समय राजा की गोद में उत्तम बैठा हुआ था। उसे देख ध्रुव के मन में भी पिता की गोद में बैठने की इच्छा हुई। वह बड़े प्रेम से भागता हुआ उत्तानपाद की गोद में आकर बैठ गया। उत्तानपाद को भी बालक ध्रुव प्यारा था।

यह बात सुरुचि को बिलकुल अच्छी नहीं लगी। वह ध्रुव को ज़बरदस्ती राजा की गोद से उतारकर बड़े गुस्से में बोली, 'एक राजा की गोद में राज्य का उत्तराधिकारी ही बैठ सकता है और तुम यह अधिकार नहीं रखते। तुम इस योग्य नहीं हो।' राजा उत्तानपाद पर सुरुचि का इस कदर प्रभाव था कि वे कुछ न कह सके।

यह सुनकर बालक ध्रुव का कोमल मन मुरझा गया। आहत होकर उसने रानी सुरुचि से पूछा, 'ऐसा क्यों? महाराज मेरे भी पिताजी हैं। मैं उनकी गोद में क्यों नहीं बैठ सकता?' तब रानी सुरुचि ने कहा, 'तुम यदि महाराज की गोद में बैठना चाहते हो तो तुम्हें विष्णु की पूजा करनी होगी। तुम विष्णु से प्रार्थना करो कि अगले जन्म में वे तुम्हें मेरी कोख से पैदा करें, तभी यह संभव होगा।'

अब तक बालक ध्रुव को मालूम नहीं था कि विष्णु कौन है, उसके कानों पर पहली बार यह शब्द पड़ा।

कभी-कभी इंसान अनजाने में ही सही मगर सच बोलता है। जिसका असर सामनेवाले पर गहराई में होता है। जैसे बालक ध्रुव पर हुआ। उसने पहली बार सुरुचि के मुख से विष्णु का नाम सुना। मगर वह इस कदर आहत हुआ था कि उसका दिल भर आया। वह अपमान और पीड़ा से रोता हुआ अपनी माता सुनीति के पास चला गया।

कौन है उत्तम, कौन है ध्रुव

उत्तम यानी जो सबसे अच्छा लगे। माया में डूबे इंसान को मायावी आकर्षण, प्रलोभन, सुख-सुविधा, मनोरंजन ही उत्तम लगता है। जो मन को भाए, वह उत्तम और जिसके लिए मन को मारना पड़े, चुप बिठाना पड़े, वह बेकार।

सबको पता है, मैदा पेट के लिए हानिकारक है। फिर भी पिज़्ज़ा, बर्गर, नूडल्स खाकर लोग कहते हैं, 'वाह मज़ा आ गया' यानी उन्हें उत्तम वही लगता है, जो ज़ुबान को उत्तम लगे।

कुछ लोग काला धन जमा करते हैं, बड़ी कोठी खड़ी करते हैं और बाहर खड़े होकर कहते हैं, 'वाह कितनी बढ़िया कोठी बनाई है हमने!' उनकी नज़र में वही उत्तम है। उसके पीछे जो पाप कर्म जुड़े हैं, उनका भविष्य में कैसा फल आएगा, इस बारे में उन्हें होश ही नहीं है। अत: हर वह चीज़ जो बढ़िया, उत्तम लग रही है, उस पर होशपूर्ण मनन करना चाहिए कि क्या वह धर्म और नीति के अनुरूप है या नहीं? अगर नहीं है तो समझ लीजिए, वह माया का छलावा है, जिसमें नहीं उलझना है।

दूसरी ओर रानी सुनीति का पुत्र था ध्रुव। धैर्य, भक्ति, अटल निश्चय और विवेक के प्रतीक। जो धर्म और नीति के मार्ग पर चलता है, अनुशासित, संयमित और भक्ति भरा जीवन जीता है, जो हमेशा ईश्वर (सेल्फ) से जुड़कर सही राह पर चलता है, वह नीति का पुत्र है। उसके जीवन में वे सभी गुण आ जाते हैं, जो बालक ध्रुव में थे।

अब कौन बोला? श्रीकृष्ण या कंस

श्रीकृष्ण के आर्शीवचन क्या होंगे :
- जो काम करना है, वह करें परंतु फल की चिंता न करें।
- मेहनत और ईमानदारी से कार्य करें किंतु परिणाम से आसक्त न रहें।
- जीवन की हर परिस्थिति को स्वीकार करें, चाहे खुशी हो या दुःख।
- सफलता उस जगह मिलती है, जहाँ मेहनत और ज्ञानयुक्त भक्ति दोनों हैं।

कंस के दुर्वचन क्या होंगे :
- सत्य बोलने से केवल हानि होती है, झूठ बोलना अधिक फायदेमंद है।
- दया, करुणा और समर्पण की बजाय, शक्ति और सत्ता बेहतर है।
- शक्ति का प्रयोग करके अपने प्रतिद्वंद्वी को नष्ट करना उत्तम है।
- दुर्भावनाओं को बढ़ावा देना सही है, सहानुभूति और प्रेम मूर्खता है।

आज दिनभर आपके अंदर से कौन, क्या बोला? नीचे लिखें।

_____

_____

_____

_____

_____

४

नीति और रुचि के बीच ध्रुव (विवेक) का चुनाव

आप खुद को उत्तानपाद बनने न दें

देखा जाए तो हमारे अंदर कई तरह के मन रहते हैं। इनमें से एक होता है सहज मन, जो ऐसे विचार पैदा करता है, जिससे हमारे सभी कार्य सहजता से हों। इंसान को छोड़कर प्रकृति के बाकी सभी जीव इसी सहज मन से अपना सहज जीवन जीते हैं। जैसे भूख लगी तो खाना खा लिया, भूख नहीं लगी तो खाने की तरफ देखा भी नहीं।

एक होता है तोलूमन यानी कॉन्ट्रास्ट माइंड। इंसान का यही मन उस पर सबसे ज़्यादा हावी रहता है, अपना हुकुम चलाता है। यही मन सारी समस्याओं की जड़ है और इस मन की जड़ में रहता है, अहंकार। वह अहंकार जो खुद को ईश्वर से अलग समझता है। तोलूमन इसी अहंकार का हथियार है, जो इंसान को माया के भँवर में फँसाकर रखता है।

यही मन इंसान को महत्वाकांक्षाओं, मायावी आकर्षणों के पीछे दौड़ाता है। यही मन मोह, काम, क्रोध, ईर्ष्या, नफरत, दुःख, निराशा, हिंसा जैसे विकारों से ग्रसित होता है। इसी मन के प्रभाव में आकर राजा उत्तानपाद रानी सुरुचि के मोह में फँसे हुए थे। यह मोह इतना ज़्यादा था कि उनकी विवेक बुद्धि नष्ट हो चुकी थी। जो रानी सुरुचि कहती, वही उन्हें सही लगता। जो सुरुचि को हो पसंद, वही बात उत्तम है, ऐसी उनकी दशा थी।

इनके अलावा हमारे अंदर एक और मन होता है, विवेक मन। जिसे हम जागृत मन, ज़मीर या अंतरात्मा भी कह सकते हैं। विवेक चाहता है हम हमेशा सही राह पर रहें और तोलूमन के झाँसे में न फँसें। हमारी अंतरात्मा वैश्विक शक्ति से जुड़ी होती है। यह हमें बार-बार मार्गदर्शन देती है कि हम सही निर्णय लें, गलत राह पर न जाएँ।

आपने कभी महसूस किया होगा कि जब आप कोई ऐसा काम करने जा रहे थे, जो भविष्य में गलत साबित हुआ और उसे करते हुए आपके अंदर से एक आवाज़ आई थी कि 'नहीं! यह ठीक नहीं, ऐसा नहीं करना चाहिए।' मगर आपने उस आवाज़ को नज़रअंदाज़ कर, तोलूमन की बात मानी, जिसका बुरा परिणाम भविष्य में पता चला। यह अंतरात्मा या विवेक की ही आवाज़ थी।

हमारे अंदर ऐसे विचार होते हैं, जो हमें माया में धकेलते हैं और ऐसे विचार भी होते हैं, जो माया से बचाने की कोशिश करते हैं।

ध्रुव ऐसे ही विवेकी मन का प्रतीक है, जो चाहता है कि उत्तानपाद रूपी इंसान उसे प्रेम करे, उसकी सुने, उसके साथ समय बिताए ताकि उसके जीवन में प्रेम, शांति, आनंद बना रहे। मगर जो इंसान माया रूपी सुरुचि के चंगुल में फँसा है, वह विवेक से दूर ही रहता है। उसे अपने पास भटकने नहीं देता, उसकी बात नहीं सुनता।

क्या है सही चुनाव

कथा में जो उत्तानपाद की व्यथा है, वही आम इंसान की व्यथा है। राजा उत्तानपाद को ध्रुव से प्रेम था, वे ध्रुव को आदर्श बेटा मानते थे मगर चाहकर भी उसे अपनी गोद में नहीं बिठा पा रहे थे क्योंकि वहाँ सुरुचि का पुत्र उत्तम बैठा था।

यही होता है आज के इंसान के साथ, वह नीति, ज्ञान की बड़ी-बड़ी बातें करता है। जानता है कि कैसा व्यवहार करना चाहिए, कैसी सोच आदर्श है, उसे क्या करना चाहिए। वह सुबह से शाम तक ज्ञानभरे वाक्य सोशल मीडिया पर, वॉट्सएप पर एक-दूसरे को भेजते रहता है लेकिन जब गोद में बिठाने की यानी जीवन में उतारने की बात आती है तो वहाँ पर उसी को जगह मिलती है, जिसे तोलूमन पसंद करता है, जो उसकी इंद्रियों को प्रिय होता है।

इंसान जानता है, झूठ नहीं बोलना चाहिए, ईमानदारी से जीवन जीना चाहिए मगर जब नीतियों का पालन करने का समय आता है तो वह अपने थोड़े समय के फायदे देखकर निर्णय लेता है।

वह जानता है क्रोध करने से रिश्ते खराब होते हैं, सिगरेट, शराब पीने से स्वास्थ्य खराब होता है। कितनी बार कसमें खाता है कि आगे से सिगरेट, शराब नहीं पीएँगे मगर जब मौका मिलता है, अपनी कसम पर टिक नहीं पाता। वही निर्णय लेता है, जो मन को उत्तम लगता है।

नीति और रुचि के बीच ये लड़ाई चलती रहती है। रुचि कहती है, 'दुनिया में तरक्की कर, आगे बढ़ने के लिए धन, वैभव, पद, प्रतिष्ठा पाने के लिए नीति काम नहीं आती, दुनियादारी ही काम आती है।' नीति कहती है, 'जीवन सिर्फ इस दुनिया तक सीमित नहीं है, उससे आगे भी है। यहाँ अपनी आदतें सुधारकर, पाप कर्मों से बचेंगे तभी आगे मुक्ति मिलेगी। इसलिए हर छोटे से छोटे भाव, विचार, वाणी, क्रिया और लेखन से सजग रहना है। वही करना है, जो नीति और धर्म अनुसार है।'

अब उत्तानपाद रूपी इंसान नीति और रुचि के बीच में फँसा हुआ है। वह रुचि के प्रभाव में आकर नीति के पुत्र को खुद से दूर कर देता है यानी विवेकपूर्ण जीवन जीने से पीछे हट जाता है, जिसके परिणाम में आगे चलकर उसे मिलते हैं दुःख, अपराधबोध, तनाव, ग्लानि, माया के बंधन।

कैसे रोकें खुद को उत्तानपाद बनने से, क्या है वह तरीका जिसे अपनाकर हमेशा सही चुनाव किए जा सकते हैं, कैसे मायावी आकर्षणों से बच सकते हैं, कैसे रुचि की नहीं, नीति की बातों को अमल में लाकर जीवन में प्रेम, आनंद, सुख, संतुष्टि ला सकते हैं? इन सवालों के जवाब जानेंगे बाल भक्त ध्रुव की आगे की कथा में।

अब कौन बोला?
हनुमान या अनुमान

हनुमान के आर्शीवचन क्या होंगे :
- सदैव ध्यान में लगे रहो, श्रीराम हमेशा तुम्हारे साथ हैं।
- सत्य की सेवा और भक्ति से अपने मन को शुद्ध करो।
- प्रभु की आराधना करने से धैर्य, साहस और विश्वास मिलता है।
- कृपा और प्रभु के आशीर्वाद से जीवन के हर क्षेत्र में सफलता मिलती है।
- सदैव सत्य का पालन करो और कर्मों में निष्काम भाव रखो।

अनुमान कैसे सिर चढ़कर बोलता है :
- अरे फलाँ ने मुझे हाय-हैलो, कुछ भी नहीं कहा, पता नहीं खुद को क्या समझता है।
- आज के बाद मैं कभी अपने ससुराल में खाना नहीं खाऊँगा, पता नहीं क्या मिलाकर दे दें।
- मैं कभी जीवन में कुछ हासिल नहीं कर सकता, पिछली बार की तरह इस बार भी इंटरव्यू में फेल हो जाऊँगा।

आज दिनभर आपके अंदर से कौन, क्या बोला? नीचे लिखें।

_____

_____

_____

_____

_____

_____

५

बालक ध्रुव को मिला पहला ज्ञान

सर्वश्रेष्ठ पद की शुभेच्छा रखें

पिता की उपेक्षा से आहत बालक ध्रुव बहुत दुःखी था। उसे समझ नहीं आ रहा था कि पिताजी उससे प्रेम क्यों नहीं करते, उसे अपनी गोद में क्यों नहीं बिठाते। वह रोते हुए अपनी माँ रानी सुनीति के पास गया और उनसे लिपटकर रो पड़ा।

अपने प्यारे बेटे की ऐसी दशा देख सुनीति ने प्यार से उसे अपनी गोद में बिठाकर, उसके रोने का कारण पूछा। ध्रुव ने माँ को सारी बात बताई।

ध्रुव की बातें सुनकर माँ ने कहा, 'मैं जानती थी कुछ ऐसा ही होनेवाला है और तुम्हें दुःख ही मिलनेवाला है मगर तुम पिताजी से मिलना चाहते थे इसलिए मैंने तुम्हें नहीं रोका।'

ध्रुव को मिले अपमान और उपेक्षा से रानी सुनीति को बेहद दुःख हुआ था। वह सोचने लगी, 'माना कि सुरुचि सौतेली माँ है मगर महाराज तो ध्रुव के अपने पिता हैं। कम से कम उन्हें तो ऐसा पक्षपात नहीं करना चाहिए था।'

इतने में बालक ने पूछा, 'माँ यह विष्णु कौन है?' माँ अपने विचारों से बाहर आई। बेटे ध्रुव से बात करके उसे पता चला कि ध्रुव ने रानी सुरुचि से 'विष्णु' शब्द सुना है।

माँ ने नन्हें बालक को समझाते हुए कहा, 'ये विष्णु जो हैं न, ये भगवान हैं। इनकी वजह से ही सारा संसार चल रहा है; इनके इशारे से ही सब कुछ होता है; उनकी सच्ची आराधना करने से वे जिसे जो चाहिए, वह देते हैं।'

'तो क्या वे मुझे पिताजी की गोद दिला सकते हैं?' आँसूभरी आँखों से रुआँसा होकर ध्रुव ने पूछा।

माँ ने कहा, 'हाँ, वे पिताजी की गोद दिला सकते हैं और तुम्हें अपनी गोद में भी बिठा सकते हैं।' यह सुनकर बालक ध्रुव की आँखों में चमक आ गई।

आगे सुनीति ने बालक ध्रुव को बड़े प्रेम से समझाते हुए कहा, 'माता सुरुचि की बातों को दिल से न लगाओ पुत्र। केवल पिता की गोद या राजसिंहासन ही दुनिया का परम पद नहीं है। उससे भी श्रेष्ठ पद हैं दुनिया में। देखना तू एक दिन दुनिया के सर्वश्रेष्ठ पद पर विराजमान होगा। पिता की गोद नहीं मिली तो क्या हुआ, विष्णु तो पूरे संसार के राजा हैं और वे अपने भक्तों में किसी तरह का भेदभाव नहीं करते। तुम ऐसे कर्म करो, ऐसी भक्ति करो कि तुम्हें सीधे उनकी गोद में बैठने का पुण्य मिले। वे ही हमारे ईश्वर हैं, रक्षक हैं, सहारा हैं। तुम संस्कारी बनो, सुशील बनो, सारे प्राणियों के हितैषी बनो, भक्त बनो। इससे तुम्हें ईश्वर की गोद भी प्राप्त होगी और सारे संसार के सुख भी।'

माता की बात सुनकर ध्रुव का दुःख कुछ कम हुआ। वह प्रतिज्ञा करते हुए बोला, 'माँ अब मैं वही करूँगा जिससे सारे लोकों में सर्वश्रेष्ठ पद को प्राप्त कर सकूँ। अब मुझे पिता की गोद नहीं चाहिए, मैं तो भगवान विष्णु की गोद में ही बैठूँगा।'

माँ की बात बालक के मन में घर कर गई। बच्चे मासूम होते हैं, वे जब कोई बात पकड़ लेते हैं तो उसे ही सच मानकर चलते हैं। ध्रुव सोचने लगा, 'माँ ने जो बताया है, वही सच और पाने योग्य है।'

आगे माँ ने कहा, 'जब तुम बड़े हो जाओगे न तब भगवान विष्णु से मिलना। अभी दुःखी मत हो। आगे तुम्हें सब कुछ मिलने ही वाला है। अब खाना खाकर सो जाओ।'

ध्रुव सोने की कोशिश करने लगा परंतु नींद उससे कोसों दूर भाग चुकी थी। उसके मन में केवल यही एक विचार चल रहा था, 'मुझे विष्णु से मिलना है।' इसी विचार के चलते, वह गौतम बुद्ध की तरह आधी रात को ही घर से निकल पड़ा।

भक्ति से ही बल और फल मिलता है

इस संसार में जीने के दो रास्ते हैं। पहला है रुचि का, दूसरा है नीति का। रुचि यानी माया। माया के चक्कर में उलझे लोग छोटी-छोटी सांसारिक प्राप्तियों को ही सब कुछ मानकर, उनका पीछा करते-करते मूल्यवान जीवन व्यर्थ गँवा देते हैं। साथ ही वे ऐसे लोगों का मज़ाक उड़ाते हैं, जो उनकी तरह जीवन नहीं जीते बल्कि नीति और धर्म पर चलते हैं।

निखिल सोशल मीडिया पर अपना काफी समय बिताता। उसके हज़ारों चाहनेवाले हो गए थे। वह उलटी-सीधी वीडियो अपलोड करता और उसी की तरह खाली बैठे लोग उन्हें देखकर खुश होते, उन पर लाइक-कमेंट करते। इससे उसकी थोड़ी-बहुत कमाई भी हो रही थी। इसी से वह खुद को एक बड़ा सोशल मीडिया स्टार समझने लगा था। कुछ हज़ार लोग उसे जानते हैं, उसके वीडियो देखते हैं, यह बात उसके लिए किसी बड़ी उपलब्धि से कम न थी। वह अपनी शान में बड़ी-बड़ी बातें करता।

वहीं दूसरी ओर उसका छोटा भाई विवेक था, जो एक अनुशासित जीवन जी रहा था। समय पर उठता, व्यायाम करता, ध्यान करता और पूरी एकाग्रता से अपनी पढ़ाई करता।

उनके पिता निखिल को कहते, 'ज़रा अपने छोटे भाई से कुछ सीखो, कितनी लगन से प्रतियोगिता की तैयारी कर रहा है और एक तू है, जो सारा समय सोशल मीडिया पर बिताता है।'

निखिल मन में सोचता, 'क्या ज़िंदगी है विवेक की! कमरे में बैठा पढ़ाई करता रहता है, मोहल्ले के चार लोगों के अलावा उसे कोई नहीं जानता। उसके जीवन में कोई मनोरंजन, प्रसिद्धि, उत्तेजना है ही नहीं। पिताजी को तब मेरी कीमत समझ में आएगी, जब मैं बड़ा स्टार बन जाऊँगा, मेरे लाखों फॉलोअर्स होंगे। उन्हें तब पता चलेगा दुनिया बदल गई है। छिपे हुए गुण काम नहीं आते, वही बिकता है, जो दिखता है।'

धीरे-धीरे समय गुज़रा। निखिल की प्रसिद्धि कम होती गई, उसका कोई करियर नहीं बन पाया। वही विवेक अपनी मेहनत के बल पर अच्छे पद पर पहुँच गया।

कई बार हमें जो बातें, जो उपलब्धियाँ बड़ी लुभावनी लगती हैं, जिन्हें पाने के लिए हम मचलते हैं और जिनके न मिलने पर बड़े दुःखी होते हैं, बाद में वे धोखा नज़र आती हैं। सोशल मीडिया पर मिली क्षणिक प्रसिद्धि इसका सबसे बड़ा उदाहरण है। लोग तुरंत नाम कमाने के चक्कर में गलत आदतों के कुएँ में छलाँग लगाकर अपना जीवन बर्बाद कर देते हैं।

कठिन परिस्थितियों का सामना कैसे करें

बालक ध्रुव जब अपमान और उपेक्षा से आहत हुआ तो वह रानी सुनीति की शरण में गया यानी उसने नीति का मार्ग अपनाया। यही सही तरीका है कठिन परिस्थितियों का सामना करने का, अपने लिए नया मार्ग ढूँढ़ने का।

कई बार लोग जीवन में कठिन परिस्थितियों का सामना करते हैं। जैसे असफलता, अपमान, दुःख, निराशा, रिश्तों में धोखा मिलना आदि तब वे कमज़ोर पड़ जाते हैं। उन्हें समझ नहीं आता क्या करें? बहुत से लोग बुरे समय में क्षणिक आराम पाने के लिए शराब जैसे व्यसनों में जाते हैं या कोई गलत कदम उठा लेते हैं। कुछ लोग हिम्मत हारकर निराशा में डूब जाते हैं और फिर वापस कभी खड़े नहीं हो पाते।

ऐसे में हमें वही करना चाहिए, जो ध्रुव ने किया। उसने सही मार्गदर्शक का चुनाव किया। ऐसा मार्गदर्शक जिसने उसे धर्म और नीति का सही रास्ता दिखाया। ध्रुव के लिए सही मार्गदर्शक बनी उसकी माँ लेकिन हमारे जीवन में ऐसा मार्गदर्शक कोई भी हो सकता है, जो हमें नकारात्मकता से सकारात्मकता की ओर, अंधकार से प्रकाश की ओर, माया से मुक्ति की ओर ले जाए। वे गुरु हो सकते हैं, कोई मित्र, आदर्श शिक्षक, सगा-संबंधी या कोई पुस्तक भी हो सकती है।

श्रीमद्भगवद्गीता, रामायण, गुरु ग्रंथ साहिब, कुरान, बाइबिल जैसे ग्रंथों ने कितने ही लोगों को सही मार्गदर्शन दिया और आज भी दे रहे हैं।

एक योग्य मार्गदर्शक हमें दिखाता है कि जीवन का हर क्षण अनमोल है और उसका लक्ष्य भी बहुत बड़ा है। छोटी-छोटी असफलताओं और परेशानियों से विचलित होकर, बड़े लक्ष्य को नहीं भूलना चाहिए। उसका महत्त्व समझना चाहिए।

इंसान का धरती पर आने का मूल उद्देश्य और लक्ष्य है, अपने अंदर ईश्वरीय गुणों का विकास करना। जैसे क्षमा, करुणा, साहस, प्रसन्नता, सत्य, ईमानदारी,

विश्वास आदि। इसके अलावा अपने मन एवं भावनाओं को शुद्ध, निर्मल बनाना, उच्चतम ज्ञान पाकर भक्ति को बढ़ाना ताकि हम भी वह परम पद प्राप्त कर सकें। जिसके बारे में रानी सुनीति ने ध्रुव को समझाया और वह परम पद है माया से मुक्त होकर, अपनी असली पहचान पाना, आत्मसाक्षात्कार प्राप्त करना, जिसे मोक्ष या मुक्ति भी कहा जाता है।

अब कौन बोला?
अर्जुन या दुर्योधन

अर्जुन की प्रेरणादायी पंक्तियाँ क्या होंगी :
- अपने कर्तव्यों का पालन करने में ही सच्ची सफलता है।
- ज्ञान प्राप्ति के लिए अपनी गीता पर मनन करो।
- धैर्य और साहस हर कठिनाई को पार करने के लिए आवश्यक है।
- सवाल पूछना कभी भी बंद न करें।

दुर्योधन का अहंकार क्या बोलेगा :
- आत्मसम्मान के लिए नहीं बल्कि सत्ता के लिए लड़ना चाहिए।
- मेरे अधिकार को छीननेवाले को मैं नहीं छोड़ूँगा।
- मैं अपने आपको महान समझता हूँ और मेरी योग्यता मुझे सबसे ऊपर उठा रही है।

आज दिनभर आपके अंदर से कौन, क्या बोला? नीचे लिखें।

_____

_____

_____

_____

_____

६

बालक का प्रेम परम पिता से

असली संस्कारी बालक ध्रुव

ईश्वर की गोद (आत्मसाक्षात्कार) पाने का एकमात्र उपाय क्या है? इस पर सुनीति कहती है, 'सबसे पहले जो काम करना है, वह है संस्कारी बनने का।'

संस्कारी होना यानी मानवीय गुणों से युक्त होना और मानवीय गुण हैं, दैवीय गुण क्योंकि मानव कोई और नहीं, स्वयं ईश्वर का ही प्रतिरूप है। जो इंसान प्रेम, शांति, क्षमाशीलता, धैर्य, साहस, करुणा, मर्यादा, सत्य, विवेक, भक्ति, सेवा भाव से परिपूर्ण हो, वह संस्कारी है। जो सभी जीवों को समान भाव से देखता हो, जिसमें अहंकार न हो, जो रुचि से नहीं, नीति से चलता हो, जो सभी धर्म में समभावना रखता हो, सबके मंगल की कामना करता हो, वह संस्कारी है।

ईश्वर को पाने के लिए संस्कारी होना पहली पात्रता है और दूसरी पात्रता है ईश्वर से प्रेम होना। सिर्फ ईश्वर से प्रेम हो, भक्ति भाव हो लेकिन अपने स्वभाव और आदतों पर काम न किया जाए तो ईश्वर प्राप्ति नहीं हो सकती।

ऐसे भक्त जो घंटों पूजा-पाठ करते हैं, उनका ईश्वर की भक्ति में बड़ा मन लगता है लेकिन वे संस्कारी हों, ऐसा ज़रूरी नहीं। उन्हें सिर्फ ईश्वर की मूर्ति में ही ईश्वर दिखता है। वे लोगों के साथ बिना

किसी गलती के बुरा व्यवहार कर सकते हैं। किसी को ताना मार सकते हैं, किसी की निंदा कर सकते हैं, झूठ बोल सकते हैं। इसमें उन्हें कोई परेशानी नहीं होती। वे कहते हैं, 'भक्ति अपनी जगह है मगर दुनिया में जीने के लिए ये सब तो करना पड़ता है। भगवान ने दुनिया ऐसी ही बनाई है हम क्या करें?' ऐसे लोग संस्कारी नहीं कहलाएँगे।

माया और राम का संतुलन कैसे बने?

संसार में चार तरह के लोग होते हैं। पहली श्रेणी में वे लोग आते हैं, जिन्हें माया मिलती है लेकिन राम नहीं मिलते यानी उनकी सांसारिक प्रगति तो बहुत होती है लेकिन आध्यात्मिक रूप से वे कोरे ही होते हैं। ऐसे लोग इस नश्वर संसार को सत्य और ज़िंदा मानते हैं। इसके परे के जीवन और ईश्वर के अस्तित्व में उनका विश्वास नहीं होता। ये लोग हर ऐसा काम करते हैं, जिससे सांसारिक उन्नति हो, भले ही इसके लिए नीति का मार्ग छोड़ना पड़े।

दूसरी श्रेणी के लोग वे होते हैं, जो राम के लिए माया को पूरी तरह से त्याग देते हैं। वे सब कुछ छोड़कर वैराग्य और संन्यास की राह पर चलते हैं। यहाँ तक कि शरीर को भी अपना शत्रु समझते हैं इसलिए शरीर को कष्ट देनेवाले तप भी करते हैं।

तीसरी श्रेणी उन लोगों की होती है, जो माया और राम के बीच झूलते रहते हैं यानी उन्हें संसार कभी सत्य लगता है, कभी झूठा। वे कभी भक्ति की राह पर आगे बढ़ते हैं, फिर वह भी मिथ्या लगने लगती है। ऐसे लोग न संसार में प्रगति करते हैं, न ही अध्यात्म में।

ये वे लोग होते हैं, जिनके सिर पर जब काम की ज़िम्मेदारी पड़ती है तो उन्हें लगता है, सब कुछ छोड़कर भक्ति की जाए क्योंकि असली सुख उसी में है और जब भक्ति के लिए खुद को बदलने की बात आती है तो उन्हें वह भी असंभव लगता है।

अब आती है चौथी श्रेणी। इसमें लोगों को माया भी मिलती है और राम भी। वे सांसारिक सुख भी भोगते हैं और आध्यात्मिक ऊँचाइयाँ भी प्राप्त करते हैं। ऐसे जीवन को हम तेजसंसारी जीवन कह सकते हैं यानी संसार और अध्यात्म में संतुलन साधकर जीनेवाले लोग।

ऐसे लोग अपने सांसारिक कर्तव्य, नीति अनुसार निभाते हैं। हर काम को ईश्वर की सेवा समझकर करते हैं। वे सच्चे कर्मयोगी होते हैं। उनके कर्म में उत्साह और फल में उदासीनता होती है। वे संसार में रहते तो हैं लेकिन किसी भी सांसारिक

प्रलोभन से चिपकते नहीं। वे बाहर से संसारी लेकिन अंदर से संन्यासी होते हैं।

जब रानी सुनीति अपने पुत्र ध्रुव को सही मार्ग दिखाते हुए कहती है कि 'संस्कारी बनकर तुम्हें परम पिता की गोद भी प्राप्त होगी और सारे संसार के सुख भी' तो उनका अभिप्राय यही है कि वे ध्रुव को ऐसा इंसान बनने को प्रेरित कर रही हैं, जिसे संसार और अध्यात्म, दोनों के लाभ मिलेंगे।

जब भी मुक्ति, मोक्ष जैसे उच्च लक्ष्यों की बात होती है तब लोगों को लगता है, इस मार्ग पर जाने से संसार छूट जाएगा। फिर हमारे परिवार का, हमारी ज़िम्मेदारियों का क्या होगा? मगर यह सत्य नहीं है। सत्य का ज्ञान लेने से, भक्ति भाव में रहने से और संसार में नीतिपूर्ण व्यवहार करने से संसार छूटता नहीं बल्कि और बेहतर होता है।

ज़रा कल्पना कीजिए, ऐसे संसार की जहाँ हर इंसान संस्कारी हो, धर्म और नीति के मार्ग पर चलता हो, सब एक-दूसरे का खयाल रखते हों और निःस्वार्थ भाव से अपने काम करते हों। ऐसा संसार कितने आनंद से भरा होगा, हर तरफ प्रेम, शांति, सौहार्द होगा। बाकी सबका छोड़िए, कम से कम संसार में हमारी भागीदारी ऐसी हो, जिसमें हमारे रहने से यह संसार सुंदर बने।

यही सोचकर हमेशा नीति की सुनें, नीतिपूर्ण व्यवहार करें; अपने स्वभाव और आदतों पर काम करके संस्कारी बनें; ज्ञान और भक्ति प्राप्त करें। बालक ध्रुव की तरह यही हमारा लक्ष्य होना चाहिए।

अब कौन बोला?
भगवान बुद्ध या बुद्धू

भगवान बुद्ध के उपदेश क्या होंगे :
- मध्यम मार्ग का अनुसरण करें, जो उत्तम दु:ख मुक्ति का मार्ग है।
- सब कुछ अस्थिर है इसलिए निरंतर अपने अंदर की स्थिरता को खोजें।
- ध्यान के कर्म का महत्त्व समझें क्योंकि हमारे ये कर्म हमें मुक्ति देते हैं।
- अन्यों के प्रति करुणा, सहानुभूति और सहायता का भाव रखें।
- मन के पसंद (लाइक) और नापसंद (डिसलाइक) के खेल में सजग हो जाएँ।

बुद्धू की बुद्धि क्या कहेगी :
- निराशा और अप्रसन्नता मेरे जीवन को लगा हुआ ग्रहण है।
- स्वयं को कमजोर, असहाय, असफल मानना ही अब मेरे बस में है।
- असंतुष्टि की भावना मुझे हमेशा कुछ न कुछ तलाश करने में लगाती है।
- मैं हमेशा अपने आस-पास की स्थितियों और लोगों के साथ असहमत होता हूँ इसलिए उनसे घृणा होती है।

आज दिनभर आपके अंदर से कौन, क्या बोला? नीचे लिखें।

_____

_____

_____

_____

_____

खण्ड २

बालक ध्रुव का साधना काल कैसे बीता

संसार में चल रही अंधी दौड़ में केवल दौड़ते न रहें, कुछ और नहीं तो केवल ईश्वर का नाम सिमरन ही शुरू करें। जितना दिल से, भक्ति से ईश्वर को पुकारेंगे, उतनी ही उसे पाने की संभावना बढ़ जाएगी।

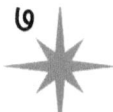

७

ध्रुव को मिले देवर्षि

सच्चा मार्गदर्शक मिलना कृपा है

माता सुनीति से प्रेरणा पाकर बालक ध्रुव ईश्वर की गोद खोजने निकल पड़ा। वह जंगलों में भटकने लगा। उसने भगवान विष्णु का केवल नाम सुना था, उसे यह भी पता नहीं था कि वे कैसे दिखते हैं, कहाँ रहते हैं?

जंगल में भटकते हुए बालक ध्रुव का सामना किसी डाकू से हुआ। डाकू ने देखा कि एक बालक बहुत सारे गहने पहने हुए जंगल में अकेला जा रहा है। उसने सोचा, 'लगता है यह बच्चा बहुत दौलतमंद है।' उसने बालक के पास जाकर पूछा, 'कौन हो? कहाँ से आए हो? कहाँ जाना है?' बालक ने कहा, 'मैं राजा उत्तानपाद का बेटा ध्रुव हूँ और मुझे विष्णु से मिलना है। तुम्हें उनका पता मालूम है तो कृपया मुझे बता दो।' डाकू बोला, 'हाँ, मालूम है मगर पहले ये सारे गहने मुझे दे दो, फिर मैं बताऊँगा।' बालक अपने सारे गहने उतारकर डाकू को दे देता है।

डाकू सोचता है, 'अगर इसे ज़िंदा छोड़ दिया जाए तो राजा की सेना मुझे पकड़ लेगी। इससे अच्छा है कि इसे पहाड़ी से नीचे धकेलकर मार डालते हैं।' यह सोचकर डाकू बालक को किसी पहाड़ी पर ले गया मगर उसे धक्का देने से पहले ही एक साँप ने डाकू को काट लिया और वह मर गया।

अकसर लोग साँप से डरते हैं, उसे नकारात्मक दृष्टि से देखते हैं मगर बालक ध्रुव की रक्षा एक साँप ने की। ध्रुव डाकू को अपना हमदर्द समझ रहा था लेकिन वह तो दुश्मन निकला। सत्य की राह पर साँप भी सीढ़ी बन सकता है। खैर रात होने की वजह से बालक वहीं पहाड़ी पर सो गया। फिर सुबह उठकर भगवान विष्णु की तलाश में चल पड़ा। जब किसी के दिमाग में एक ही जुनून सवार होता है, तब बहुत सारी पीड़ाओं के बावजूद भी उसे वे पीड़ाएँ नहीं लगतीं। ऐसी ही अवस्था बालक ध्रुव की थी। खाने में क्या मिलेगा, कुछ खाया नहीं है, इस तरह का कोई विचार उसके अंदर नहीं था। वह तो बस माता सुनीति द्वारा बताए गए मार्गदर्शन की ओर अग्रसर हुआ।

जब आप किसी घटना में आहत, दु:खी होते हैं तब किसके पास जाते हैं? हमें किसके पास जाना चाहिए? अपना दुखड़ा लेकर यदि गलत लोगों के पास जाओगे तो वे आपके दु:ख को और बढ़ाएँगे। वे कहेंगे, 'फलाँ इंसान ही ऐसा है... तुम्हें भी उसके साथ ऐसा करना चाहिए... तुम्हें भी प्रतिकार करना चाहिए... तुम भी ईंट का जवाब पत्थर से दो...' आदि। मगर बालक ध्रुव सुनीति के पास गया, जहाँ उसे उचित मार्गदर्शन मिला। अत: स्वयं से पूछें, 'मेरी नीति क्या है? मेरे जीवन के सिद्धांत क्या हैं?' घटना चाहे कोई भी हो, आपका निर्णय सही होना चाहिए। बालक ध्रुव का निर्णय सही साबित हुआ क्योंकि उसने नीति (माँ) की सुनी।

आहत हुआ ध्रुव छोटा होने की वजह से माँ के पास जाने के अलावा उसके पास अन्य कोई विकल्प नहीं था। मगर दु:ख, परेशानी, चिंता, डर आदि से मुक्त होने के आपके पास कईं विकल्प मौजूद हैं। आप बहुत सारी जगहों पर जा सकते हैं, दु:ख मुक्ति का रास्ता पुस्तकों में या ऑनलाइन भी सर्च कर सकते हैं। मगर आपको कहाँ जाना चाहिए, यह आपने ही तय करना है। जिसके लिए पहला मुख्य सवाल स्वयं से पूछें, 'मेरे जीवन की नीति क्या है? जब मैं आहत होता हूँ तब मुझे कहाँ जाना चाहिए?'

दरअसल, ऐसे समय पर आपको सत्य श्रवण, पठन, मनन, ध्यान करना चाहिए, जिससे आपकी भावना तुरंत बदल जाए। नकारात्मक भावनाएँ ही तो हैं, जो आपको ईश्वरीय तालमेल से बाहर निकालती हैं। तालमेल में लेकर आनेवाली भावना, भक्ति की भावना है। अगर आपने अपने सुलझे हुए समय में ध्यान, ज्ञान, भक्ति पर काम किया है तो उलझे हुए समय में आप सही निर्णय ले पाएँगे और वहीं पहुँचेंगे, जहाँ पहुँचना चाहिए। आइए, फिर से कहानी की ओर बढ़ते हैं। बालक ध्रुव पहाड़ों से उतरकर जंगल की ओर जा रहा है। राजा उत्तानपाद और उसके सैनिक ध्रुव को ढूँढ़ने निकले हैं।

जंगल में घूमते हुए ध्रुव को देवर्षि नारद मिले। उन्होंने बालक को रोककर पूछा, 'कहाँ जा रहे हो?' ध्रुव ने उन्हें प्रणाम कर कहा, 'मैं नारायण से मिलने जा रहा हूँ।' देवर्षि ने कहा, 'अरे! नारायण के पास तो कोई पहुँच ही नहीं सकता। वे क्षीरसागर (दूध के सागर) में निवास करते हैं।' यह सुनकर बालक उदास हो गया। तब नारद जी ने कहा, 'यह सच है कि तुम वहाँ पर नहीं जा सकते पर विष्णु तो तुम्हारे पास आ सकते हैं।' यह सुनकर ध्रुव खुश हो गया और पूछा, 'भगवान विष्णु कब आएँगे?' इस पर नारद जी बोलें, 'वे ऐसे कैसे आएँगे? उसके लिए तुम्हें कुछ करना पड़ेगा न! तुम ऐसा करो, एक जगह जाकर आसन में स्थिर बैठो, तपस्या करो, भगवान विष्णु स्वयं तुम्हारे पास आएँगे।'

ध्रुव सहज बुद्धि का बालक था। उसने कहा, 'मैं ऐसा ही करूँगा लेकिन तपस्या करने के लिए कहाँ बैठूँ?' नारद जी ने कहा, 'इसके लिए तुम्हें बीच जंगल जाकर आसन लगाना होगा।' तभी राजा उत्तानपाद की आवाज़ ध्रुव और नारदजी के कानों पर पड़ी। वे अपने बेटे को पुकारते हुए उसी तरफ आ रहे थे। उनकी आवाज़ सुनकर बालक तुरंत पेड़ों की ओट में छिप गया। देखें! जिसकी गोद में बालक ध्रुव बैठना चाहता था, अब उनसे ही छिप रहा है क्योंकि अब उसे परम लक्ष्य मिल चुका है।

इस घटना में महत्वपूर्ण संकेत छिपा है। लक्ष्य मिलने से पहले इंसान की चाहत होती है कि 'फलाँ मुझसे प्रेम करे, मुझे ध्यान दे।' यदि सामनेवाला ध्यान नहीं दे रहा है तो उसे दुःख होता है। आज की युवा पीढ़ी को तो इस पर विशेष मनन करना चाहिए क्योंकि उनकी कहानी में यही सब बातें होती हैं- 'फलाँ मुझे ध्यान दे, फलाँ को मेरी कीमत पता चले' और यदि सामनेवाले से अपनी इच्छानुरूप प्रतिसाद न मिले तो उन्हें बहुत पीड़ा होती है।

इसी तरह बच्चे यदि अपने माता-पिता को ध्यान नहीं देते तो उन्हें बहुत पीड़ा होती है। लोगों के ब्रेकअपस् होने पर उन्हें बड़ा दुःख होता है। ऐसे में यदि उन्हें बालक ध्रुव की तरह उच्चतम लक्ष्य मिल जाए तो उनकी दुःखद कहानी का एक पल में अंत हो जाएगा। ऐसा होने के लिए ध्रुव की तरह उन्हें अपने लक्ष्य पर डटे रहना होगा। स्वयं को याद दिलाना होगा कि 'पहले जीवन में लक्ष्य नहीं था तो हम कुछ भी कर रहे थे, किसी भी बात पर आहत होते रहते थे मगर अब दुःख के काले बादल छट चुके हैं और आसमान बिलकुल साफ हो चुका है। अब हम अपने लक्ष्य को छोटी बातों में अटकाकर उसे दाँव पर नहीं लगाएँगे। अपने लक्ष्य को छोटी-छोटी चाहतों से बचाएँगे।'

कहानी में आगे नारदजी राजा के पास पहुँचें और कहा, 'अब आप क्यों पछता रहे हो? जब समय था तब आपने बच्चे पर ध्यान नहीं दिया। अब दूसरी गलती कर रहे हो, आप अपना राज्य छोड़कर, सिंहासन रिक्त रखकर यहाँ आए हो। अपने राज्य का सिंहासन खाली रखना एक राजा का कर्तव्य नहीं है। आप अपनी सेना को चारों तरफ भेज दो, वे आपके बेटे को ढूँढ़कर लाएँगे। अब पछताने में अपना समय मत गँवाओ। आप अपने राज्य में वापस लौट जाओ और रानी सुनीति के साथ मंदिर जाकर ईश्वर का द्वार खटखटाओ, वहाँ क्षमा याचना करो। इससे आपका व्याकुल मन शांत होगा और आपकी प्रार्थना भी पूर्ण होगी।'

राजा ने नारदजी से क्षमा माँगते हुए कहा, 'वाकई मुझसे बहुत बड़ी गलती हो गई है। अब मैं यह गलती नहीं दोहराऊँगा।' यह कहकर वे अपने राज्य की तरफ मुड़ गए। यह देख पेड़ों की ओट से बाहर आकर ध्रुव ने देवर्षि से पूछा, 'हे ऋषिवर! कृपा करके मुझे बताइए, किस प्रकार मैं भगवान विष्णु की आराधना करूँ, कैसे उन्हें प्रसन्न करूँ?' देवर्षि बोले, 'हे बालक, बाकी सारी बातों से मन को हटाकर उस एकमात्र नारायण में अपने मन को लगा दो और एकाग्रचित्त होकर, 'ॐ नमो भगवते वासुदेवाय नमः' इस मंत्र का लगातार जाप करते हुए उनकी तपस्या करो। ऐसा करने से नारायण ज़रूर प्रसन्न होंगे।

एक बात का और ध्यान रखना, तपस्या के दौरान तरह-तरह की बाधाएँ आएँगी; देव, दानव, अप्सराएँ, बुरी शक्तियाँ, कोई भी तुम्हारी तपस्या भंग करने का प्रयास कर सकता है मगर तुम अटल रहना। इसके अलावा हमारा अपना मन भी तपस्या से बचने के लिए अलग-अलग खेल रचता है, मानसिक भ्रम पैदा करता है; उन्हें साक्षी भाव से देखना, उनमें मत उलझना। तुम्हें तपस्या में अलग-अलग पारलौकिक अनुभव भी होंगे तब मन कहेगा, तुम्हारी तपस्या पूरी हुई, तपस्या का फल यही है, भगवान विष्णु आ गए मगर तुम्हें अपने मन के बहकावे में नहीं आना है, अपनी तपस्या जारी रखनी है, आँखें नहीं खोलनी हैं।

तपस्या में मन एकाग्र होता है। एकाग्र मन की शक्तियों से अलग-अलग तरह की सिद्धियाँ भी प्राप्त होती हैं, तुम्हें भी मिल सकती हैं मगर तुम उनमें मत उलझना। केवल अपना लक्ष्य याद रखना, जो है भगवान विष्णु की गोद, उससे कम का समझौता नहीं करना। अगर ये सारी बाधाएँ पार कर पाओगे तो अवश्य ही तुम पर भगवान विष्णु की कृपा होगी।' बालक ध्रुव ऋषि को प्रणाम कर, उनकी सभी बातों को गाँठ बाँधकर, जंगल के बीचों-बीच पहुँचकर भगवान विष्णु की कठोर तपस्या करने लगा।

अब कौन बोला? मीरा या मंथरा

मीरा की भक्तिभरी बातें क्या होंगी :
- ईश्वर को पाने के लिए सबसे पहला मुख्य बिंदु है, प्रेम समर्पण। अपने मन को ईश्वर के समक्ष समर्पित कर दो।
- प्रेम के साथ ईश्वर की ओर चलना ही उसे पाने का सरल मार्ग है।
- जब हम पूरी श्रद्धा से उसकी ओर बढ़ते हैं तो वह हमें अपने में समा लेता है।

मंथरा क्या कहेगी :
- व्यक्तिगत दौलत, ऐशो आराम ही जीवन में सब कुछ है।
- समाज, परिवार की चिंता न करते हुए केवल अपने हक के बारे में सोचो।
- तुम्हें अपना हक, दौलत, प्रॉपर्टी नहीं मिली तो जीवन व्यर्थ है।
- अपना हक पाने के लिए कोई भी हद पार की जा सकती है।

आज दिनभर आपके अंदर से कौन, क्या बोला? नीचे लिखें।

_____

_____

_____

_____

_____

८

बालक ध्रुव की कठोर तपस्या और बाधाएँ

सच और झूठ के पार परमसत्य की अवस्था

देवर्षि नारद से मिलकर अपने राज्य में लौटने के बाद राजा उत्तानपाद राज्य की देख-रेख में व्यस्त हो गए। उनके व्यवहार में सकारात्मक परिवर्तन हुआ था। इसके दो मुख्य कारण थे। पहला- देवर्षि की बताई हुई बातें उन्हें अंदर तक छू गईं; दूसरा- रानी सुनीति के साथ मंदिर में जाकर प्रार्थना, क्षमा याचना करने के बाद वे आंतरिक सुकून महसूस कर रहे थे। अब राजा स्वयं सुरुचि के महल से सुनीति के महल में रहने के लिए आ चुके थे। क्योंकि ध्रुव के चले जाने से राजा बेहद दु:खी थे। यह स्थिति रानी सुरुचि के कारण उत्पन्न हुई थी। अत: क्रोध में आकर राजा ने सुरुचि से कहा, 'ध्रुव घर वापस आया तो वही राजा बनेगा और यदि वह वापस नहीं आया तो मैं ज़िंदगीभर तुम्हारी शकल नहीं देखूँगा।'

इतने दिनों तक सुरुचि ने राजा के दिलो-दिमाग में यह बात भर दी थी कि 'मेरा बेटा उत्तम ही सबसे उत्तम है, अति उत्तम है, उसे ही राजा बनाना चाहिए।' यह सुन-सुनकर राजा को भी यही सही लगने लगा था लेकिन अब वे सुरुचि का कपटी स्वभाव भली-भाँति जान चुके थे।

इधर बालक ध्रुव देवर्षि से मिले हुए मंत्र का जाप करते हुए ध्यान में लीन हुआ। कुछ दिनों बाद नारद जी बालक ध्रुव से मिलने आए और पूछा, 'तुम्हारा ध्यान कैसे चल रहा है?'

बालक ने बताया, 'मैं कुछ घंटे ध्यान करता हूँ... फिर उठकर फल खाता हूँ... वापस ध्यान में बैठता हूँ। मगर बीच-बीच में जानवरों की बहुत डरावनी आवाज़ें आती हैं तब मैं भयभीत हो जाता हूँ... तेज हवाओं की आवाज़ से घबराकर मेरा ध्यान टूट जाता है...।'

इस पर नारद जी ने कहा, 'डरावनी आवाज़ों से घबराकर तुम अपना आसन छोड़ देते हो। इससे तुम्हारी तपस्या खंडित हो जाती है। अब जब भी तुम्हारे मन में डर, चिंता, लालच आदि के विचार आएँ या विचलित करनेवाले दृश्य दिखें तो उस समय एक ही बात ध्यान में रखो- ''न सच है, न झूठ, न नुकसानदेह है, न फायदेमंद।'' अर्थात जो भी दृश्य दिखें, आवाज़ें सुनाई दें या स्पर्श महसूस हो तो उसे सच मत मानो। देह के लिए कुछ भी नुकसानदायक नहीं है, यह बात ध्यान में रखकर बैठो। और बीच-बीच में ध्यान से उठकर जो फलाहार कर रहे हो, वह भी अब बंद करो तो विष्णु ज़ल्दी आएँगे।'

देवर्षि की बातों से ध्रुव अधिक सजगता और ध्रुव दृढ़ निश्चय के साथ पुनः तपस्या में लीन हुआ। उसके आस-पास अब भी बहुत कुछ घट रहा था।

कईं जानवर इधर से उधर गुज़रते हुए चिंघाड़ रहे थे मगर ध्रुव देवर्षि का मार्गदर्शन पाकर, 'न सच है, न झूठ है, न फायदेमंद है, न नुकसानदेह' के मंत्र का जाप करते हुए साधना में मगन हो गया।

ऋतु बदल रहे थे। कभी कड़कती धूप, कभी तेज बारिश तो कभी कपकपाती ठंड में सर्द हवाएँ चल रही थीं। जिससे बालक की नाज़ुक त्वचा झुलस रही थी। फिर भी वह मन ही मन 'न सच है, न झूठ है, न फायदेमंद है, न नुकसानदेह' दोहराकर, इसी दृढ़ता पर अटल रहकर नारायण का जाप करता रहा।

कभी उसके शरीर पर कीड़े रेंगते तो कभी आस-पास के वातावरण में अजीब सा बदलाव होता। इसे भी बालक तटस्थ भाव से जानते हुए 'न सच है, न झूठ है, न फायदेमंद है, न हानिकारक' कहकर अपनी साधना जारी रखी।

ऐसे ही दिन-रात बीतते जा रहे थे। कभी उसके शरीर को सुखद अनुभव भी होता, जब वातावरण में बिलकुल गहरी शांति छाई होती। मगर ध्रुव त्वचा के सुखद

अनुभव को पहचानकर, उसमें भी न अटकते हुए, 'न सच है, न झूठ है, न फायदेमंद है, न नुकसानदेह' की साधना में गहराई पाता गया।

इस तरह सुखद-दुःखद लगनेवाले अलग-अलग अनुभवों से पार जाकर, ध्रुव भगवान विष्णु की गोद पाने के लिए नारद जी की आज्ञा पर डटा रहा।

इस घटना से यह संकेत किया गया है कि ध्यान के दौरान अलग-अलग तरह के विचार आते हैं, जिनमें कुछ फायदे के तो कुछ नुकसानदेह विचार होते हैं। जिनके डर से इंसान ध्यान की गहराई में नहीं जा पाता। मगर जब उसे बताया जाता है कि ध्यान में इस तरह बैठें कि 'न कोई फायदा है, न नुकसान' तो वह ध्रुव की तरह निश्चिंत होकर ध्यान कर पाता है।

कहानी में आगे हुआ यूँ कि जंगल से कुछ गंधर्व, यक्ष गुज़र रहे थे। बालक को देखकर वे आपस में बातचीत करने लगे, 'अरे! देखो यह छोटा सा बालक तप कर रहा है! ऐसा तो हमने पहले कभी न देखा, न सुना या न ही सोचा था। हमें यह खबर तुरंत इंद्रदेव तक पहुँचानी चाहिए।' फिर वे सभी तुरंत इंद्रदेव के पास गए।

अनेक वर्षों तक कठिन तपस्या करने से ध्रुव का तपोबल इतना बढ़ गया था कि देवता और इंद्रदेव घबराने लगे। उन्हें चिंता होने लगी कि कहीं ध्रुव उनके अधिकार पाने के लिए तो इतनी कठिन तपस्या नहीं कर रहा?

इधर देवी लक्ष्मी, माता पार्वती के पास पहुँचकर, उनसे प्रार्थना करने लगी, 'हे पार्वती, आप पर्वत की देवी हो, पर्वत की बेटी हो, कृपया बालक ध्रुव की मदद करें। कम से कम जानवरों को तो अपने काबू में रखें।' देवी लक्ष्मी की बात सुनकर माता पार्वती (प्रकृति) ने जानवरों को अपने काबू में कर लिया। अब जानवर आ-जा रहे थे लेकिन बालक ध्रुव को कोई हानि नहीं पहुँचा रहे थे।

उधर गंधर्व और यक्ष की बातें सुनकर इंद्रदेव परेशान हो उठे। वे सोचने लगे, 'यह बालक ऐसे ही तपस्या में लीन रहा तो मेरा आसन छिन जाएगा। इसके पहले ही मुझे कुछ करना चाहिए।' यह सोचकर इंद्रदेव ने तुरंत सभी अप्सराओं को बुलाकर कहा, 'जाओ, जाकर उस बालक की तपस्या भंग करो।'

अप्सराओं ने कहा, 'हम क्या कर सकते हैं... यह कोई जवान इंसान नहीं कि हम उसे भरमा सकें, ये तो एक मासूम बालक है।' अब इंद्र के लिए यह चिंता का विषय हो चुका था कि आखिर ध्रुव की तपस्या कैसे भंग की जाए? बहुत सोच-विचार के बाद उन्हें एक तरीका सूझा। उन्होंने लक्षता नामक अप्सरा से कहा, 'तुम

बालक की माँ का रूप लेकर जाओ और उससे उसकी माँ की आवाज़ में बात करो। माँ की आवाज़ कानों पर पड़ते ही बालक तपस्या छोड़कर अपनी आँखें खोल देगा।'

लक्षता बालक की माँ का रूप लेकर वहाँ पहुँची। श्रीकृष्ण के पास भी पुतना नामक राक्षसी, अप्सरा का रूप लेकर कृष्ण को दूध पिलाने गई थी, जब वे पालने में थे। जिसका परिणाम सभी जानते हैं, कृष्ण ने उसका वध कर दिया था।

इसी तरह लक्षता भी बालक ध्रुव के पास पहुँचकर, उसकी माँ की आवाज़ में बोलीं, 'देखो बेटा, मैं तुम्हारी माँ बोल रही हूँ... बहुत दिन से तुम्हें देखा नहीं था इसलिए तुमसे मिलने आई हूँ... अपनी आँखें खोलो और मुझसे बात करो... मैंने तुम्हारी मनपसंद खीर बनाई है... इसे ज़रा चखकर तो देखो...!'

बालक ध्रुव ध्यान अवस्था में ही था। लक्षता ने अपना प्रयास जारी रखते हुए कहा, 'तुम्हारी उम्र अभी बहुत कम है पुत्र, तुम इतना कठिन तप नहीं कर पाओगे... तप करने के लिए तुम्हें बड़े होने का इंतजार करना होगा ताकि तुम इसे सही रूप में समझ सको... जब उचित समय आएगा तब तप कर लेना... अभी तुम बहुत कोमल हो, तुममें इतनी क्षमता नहीं है कि तुम इसे सँभाल पाओ... तुम्हें अधिक सीखने की ज़रूरत है... इस उम्र में तप करना तुम्हें अधिक कठीन परिस्थिति में डाल सकता है... और यह स्थान भी तुम्हारे लिए उचित नहीं है, यहाँ बहुत खतरनाक जानवर हैं, जो तुम पर जानलेवा हमला कर सकते हैं...!' इस तरह ममताभरी बातों से लक्षता ने ध्रुव को लक्ष्य से भटकाने की भरसक कोशिश की।

आगे उसने कहा, 'तपस्या के लिए माता-पिता की अनुमति भी अनिवार्य है पुत्र... यह मार्ग बहुत कठिन है, इसके लिए निरंतर प्रयास की आवश्यकता है, जो तुमसे अभी न हो पाएगा... तुम अभी बालक हो... अत: मेरी बात मानो और घर चलो... महल में सभी तुम्हारी प्रतीक्षा कर रहे हैं...।'

जैसे-जैसे माँ की आवाज़ कानों पर पड़ रही थीं, बालक विचलित होने लगा कि 'यह तो माँ की आवाज़ है, क्या सचुमच माँ यहाँ आई है?' तभी उसे नारद जी का बताया हुआ मंत्र याद आया, **'न सच है, न झूठ, न फायदेमंद है, न नुकसानदेह।'** यह याद आते ही न ध्रुव ने आँखें खोलीं, न ही वह लक्षता की बातों में उलझा। क्योंकि उसे आज्ञा मिली थी कि किसी भी बात में न अटकते हुए, तपस्या में लीन रहना है। सोचकर देखें, ध्रुव की जगह यदि कोई साधारण इंसान होता तो वह इस भ्रमजाल में अटककर, साधना से भटक जाता क्योंकि यह लालच का, मोह का हमला है। लक्षता इसी का प्रतीक है, जो अलग-अलग प्रकार से इंसान को भरमाती है।

आज तक आपने अलग-अलग संतों के तप की कहानियाँ सुनीं या पढ़ीं होंगी। भगवान बुद्ध, भगवान महावीर, ज़ीजस, गुरुनानक देवजी आदि जब पहाड़ों, जंगलों में तप करने गए तब वास्तव में क्या हुआ होगा? असल में यह आंतरिक अनुभव की बातें हैं, जिन्हें बाहरी दृश्यों से दर्शाया गया है। इंद्र द्वारा भेजी गईं अप्सरा प्रतीक है, अंदर से ही उत्पन्न होनेवाली वासनाओं, कामनाओं की ...। ध्यान में जब आप बैठते हैं तब अचानक भूत, भविष्य से कुछ विचार उभरकर आते हैं, जिससे शरीर पर खिंचाव, तनाव, दबाव महसूस होता है। परिणामतः शरीर के एक-एक अंग में पीड़ा शुरू होती है। ये सब अंदर से आनेवाली बाधाएँ हैं। इनसे बचकर, ध्यान में स्थिर होने का सही तरीका है- नारद जी द्वारा बताई गई आज्ञा पर अटल रहने का। अर्थात ध्यान में जो भी उभरकर आ रहा है उसे केवल साक्षी भाव से देखना, न ही उनके पीछे जाएँ, न ही उनमें आसक्त होना।

कहानी में आगे लक्षता ने माँ की तरह बहुत ही प्रेम से ध्रुव को आवाज़ लगाई और बहुत से वाक्य बोलकर देखें, 'तुम्हें राजगद्दी मिलेगी, पिता की गोद मिलेगी, तुम मेरे दुलारे हो, तुम्हें सभी बुला रहे हैं, महाराज तुम्हें मिलने के लिए आतुर हैं' आदि लेकिन ध्रुव ने आँखें नहीं खोलीं। वह तपस्या में ही लीन रहा। आखिर लक्षता थक-हारकर वहाँ से वापस लौट गई।

इस प्रकार इंद्रदेव तथा अन्य देवताओं ने ध्रुव की तपस्या भंग करने की बहुत कोशिशें कीं लेकिन अंत तक वे सफल नहीं हुए। ध्रुव एकाग्रचित्त होकर सिर्फ भगवान विष्णु के ध्यान में ही तल्लीन रहा, मानो वह मन ही मन कह रहा हो, 'न कुछ न लेना, न देना, बस मगन ही रहना।'

आइए, बालक ध्रुव की दृढ़ता पाने हेतु आगे के अध्याय में दिए गए ध्यान का लाभ लें और अपनी इंद्रियों के स्वामी बनकर, ध्रुवासन पाएँ।

अब कौन बोला?
देवी सीता या देवी शूर्पनखा

देवी सीता क्या कहेंगी :
- अपनी मर्यादा का पालन करते हुए, सासांरिक दायित्वों को निभाएँ।
- प्रकृति से बेशर्त प्रेम करें, उसका ध्यान रखें, उसकी हानि होने से उसे बचाएँ।
- कठिन से कठिन परिस्थिति में ध्यान, साधना, प्रार्थना करते रहें।
- जीवन संघर्ष नहीं, हर्ष है, जो हमें ईश्वरीय अनुभव का अहसास कराता है।

देवी शूर्पनखा क्या कहेगी :
- दूसरों की भावनाओं से ज्यादा अपनी इच्छाओं को सदैव प्राथमिकता दें।
- किसी के द्वारा ठेस पहुँचने पर प्रतिशोध की भावना को कभी न दबाएँ।
- अपनी सुंदरता पर हमेशा नाज़ करें और इसके बलबुते पर कुछ भी हासिल करने की ज़िद रखें।
- धर्म, समाज, नीति, निष्ठा ये सब तुच्छ व्यक्तियों के लिए हैं इसलिए इनका अनादर भी हों तो कोई बड़ी बात नहीं।

आज दिनभर आपके अंदर से कौन, क्या बोला? नीचे लिखें।

_____

_____

_____

_____

९

ध्रुव ध्यान
न कुछ अच्छा है, न बुरा, न सच है, न झूठ

बालक ध्रुव के जीवन से अब तक आपने जो समझ प्राप्त की है, उसे अपने जीवन में उतारने के लिए, आपको ध्रुव आसन में बैठकर ध्यान करना है। जिस तरह बालक ध्रुव ने साधना पथ पर अटल रहकर, अपने लक्ष्य को हासिल किया, उसी तरह आप भी इस ध्यान में अटल रहकर, स्वअनुभव का अहसास करें। ध्रुव आसन अर्थात सिर्फ शारीरिक मुद्राएँ ही नहीं बल्कि उसमें मानसिक दशा भी शामिल है। शरीर और मन के सम्मिलित संतुलन से ही ध्रुव अवस्था प्राप्त की जा सकती है। जहाँ तन, इंद्रिय अप्सराओं से आकर्षित न हो और मन हर चीज को नफा-नुकसान में न तौले।

→ ध्यान शुरू करने से पहले इसे पढ़कर समझ लें, फिर अपनी आँखें बंद करके, चुनी हुई ध्यान मुद्रा में बैठें।

→ आँखें बंद करते ही हम अपने अंदर चलनेवाले विचारों के बारे में जानने लगते हैं। कोई उन विचारों के पीछे-पीछे जाकर, आगे कुछ नए विचार लाता है तो कोई उन विचारों के अर्थ निकालकर उन्हें शुभ-अशुभ में तौलने लगता है। किसी को तुरंत याद आता है कि 'दिनभर हम विचारों पर विचार तो करते ही हैं मगर इस वक्त ध्यान में इन विचारों को जाननेवाले के बारे में पहले विचार किया जाए।' इससे आए हुए अन्य विचार कट जाते हैं।

→ आगे जैसे-जैसे ध्यान का अभ्यास बढ़ता है, वह विचारों की नश्वरता समझ लेता है। उन्हें तौलना, उन पर लेबल लगाना कम होकर, धीरे-धीरे बंद हो जाता है। इससे विचारों में खर्च होनेवाली ऊर्जा बचती है। ये छोटे-छोटे ठहराव ही ध्यान में शक्ति अर्जित करते हैं। विचारों के कटते ही हम वर्तमान में पहुँच जाते हैं।

→ वर्तमान में दो अनुभव एक साथ चल रहे होते हैं। पहला- चारों तरफ इंद्रियों से टकरानेवाले अनुभव। जैसे कान पर टकरानेवाली आवाज़, शरीर पर स्पर्श, कोई सुगंध और आँख खुली है तो दृश्य। दूसरा- स्वयं (अपने होने) का अहसास।

→ जब तक आपको स्वयं के होने का अनुभव समझ में नहीं आता, जो सतत चल ही रहा है तब तक ध्यान में सहज मन से वातावरण को महसूस करें। जैसे, बिना चिपकाव के आवाज़ सुनना, स्पर्श महसूस करना, शरीर पर कुछ दर्द है तो उसे अलगाव से देखना, अंदर-बाहर आती-जाती साँस को जानना ताकि एक ऐसी आदत का निर्माण हो, जो आपको तोलूमन (तुलना-तोलना करनेवाले मन) से परे, सहज मन की तरफ ले जाए।

→ जानवरों में यही सहज मन कार्य करता है इसलिए विचारों में उनकी शक्ति बरबाद नहीं होती। वे ऊर्जावान होते हैं। इंसान को ही ये आदतें सिखाकर फिर से कुदरत की तरफ या कहें स्वयं के अनुभव पर ले जाया जाता है। समझ के साथ ये चीज़ें आसान होती हैं। समझ नहीं है तो शुरू में ये बातें कठिन लगती हैं।

→ अतः अब तक आपने जो भी समझ पाई है, उस आधार पर केवल उपस्थित रहें। जो चल रहा है, उसे नई समझ के साथ जानते रहें।

→ नई समझ कहती है- 'कान पर टकरानेवाली आवाज़ न बुरी है, न प्यारी है... न सच है, न झूठ है... न फायदेमंद है, न नुकसानदेह...।

→ खाँसने की आवाज़ न बुरी है, न प्यारी है... न सच है, न झूठ है... न फायदेमंद है, न नुकसानदेह...।

→ पंखे की आवाज़ न अच्छी है, न बुरी है... न सच है, न झूठ है... न फायदेमंद है, न नुकसानदेह...।

- जो है, वह है। आप केवल जान रहे हैं। उसके बारे में सोचने की आवश्यकता नहीं है। जानना और सोचना दो अलग बातें हैं।

- शरीर पर होनेवाली पीड़ा न बुरी है, न प्यारी है... न सच है, न झूठ है... न फायदेमंद है, न नुकसानदेह...।

- शरीर पर टकरानेवाली हवा न अच्छी है, न बुरी है... न सच है, न झूठ है... न फायदेमंद है, न नुकसानदेह...। सहज मन से केवल जानते रहें।

- यह सहज मन का ध्यान चलता रहे।

- कुछ क्षण इसी अवस्था में रहने के बाद धीरे-धीरे अपनी आँखें खोलें और वर्तमान में जो दिखे, उसे जानें।

यू ट्यूब के ज़रिए रात ९ बजकर ९ मिनट पर, आप सरश्री द्वारा हर दिन लिए जानेवाले 'ध्यान प्रार्थना बीज' से भी जुड़ सकते हैं।

अब कौन बोला? राजा विक्रम या वेताल

राजा विक्रम क्या बोलेगा :
- हमेशा ईमानदारी, सत्य का पालन करें, चाहे समय कितना भी कठिन हो।
- नैतिक मूल्यों का महत्त्व समझकर, सही–गलत के बीच का अंतर समझें।
- समस्याओं का सही समाधान ढूँढ़कर, स्वयं सुधार करने की ओर बढ़ें।
- अपने उद्देश्य का पीछा करें, जब तक वह न मिल जाए और मिलने पर उसे बाँटने के लिए प्रेरित रहें।

वेताल क्या बोलेगा :
- अगर एक अनजान गाड़ी में सफर करने का मौका मिले तो तुरंत 'हाँ' कह दो।
- धरती के सारे लोग झूठे हैं, सब बस दिखावा करते हैं।
- इस दुनिया में कोई किसी से सच्चा प्यार नहीं करता, सब ढोंग है।
- अगर किसी से बदला लेने का मौका मिले तो उसे कभी मत गँवाना।

आज दिनभर आपके अंदर से कौन, क्या बोला? नीचे लिखें।

_____

_____

_____

_____

१०

भगवान विष्णु करेंगे ध्रुव दर्शन

तपस्या का फल

बालक ध्रुव की कठोर तपस्या से प्रसन्न होकर भगवान विष्णु क्षीरसागर में अपने आसन से उठ खड़े हुए। देवताओं ने उनसे पूछा, 'कहाँ जा रहे हैं? कृपया बताते जाएँ।' वे बोले, 'मैं बालक ध्रुव से मिलने जा रहा हूँ। मुझे उसका दर्शन करना है।'

आज तक लोग यही सोचते आए हैं कि इंसान ईश्वर का दर्शन करना चाहता है मगर सच तो यह है कि ईश्वर अपने भक्त का दर्शन करना चाहता है। अर्थात वह उस शरीर में प्रकट होना चाहता है, जहाँ ईश्वर के प्रति पूर्ण समर्पण है।

इस आशय का दूसरा पहलू यह है कि इंसान चाहता है वह सत्य में स्थापित हो लेकिन उसके पहले ईश्वर ही चाहता है कि कोई तो ऐसा शरीर मिले, जिसमें स्टैबिलाइज़ेशन हो, कोई तो शरीर पात्र बने, जिसमें अपना दर्शन किया जा सके। इसलिए नारायण ने कहा कि वे खुद ध्रुव के पास जाएँगे क्योंकि सेल्फ जिस शरीर में प्रकट होना चाहता है, पहले उस शरीर की पात्रता तैयार की जाती है।

अब तक आपने सुना होगा, 'फलाँ को आत्मसाक्षात्कार हुआ।' हकीकत में किसी व्यक्ति (अलग माननेवाले अस्तित्व) को आत्मसाक्षात्कार नहीं होता बल्कि यह उसी ईश्वर (सेल्फ) को होता

है, जो उस शरीर में प्रकट हुआ है। आज तक जितने भी लोगों को आत्मसाक्षात्कार हुआ है, सेल्फ को ही हुआ है, किसी व्यक्ति (अहंकार) को नहीं। लोग यह बात जानते नहीं इसलिए ऐसी धारणाओं में जीते हैं कि ईश्वर दर्शन देने के लिए आएँगे।

जब अध्यात्म में कई साल ध्यान, तप-साधना करने के पश्चात भी उन्हें ईश्वर दर्शन नहीं होते तब वे सोचते हैं, 'ईश्वर दर्शन देना नहीं चाहता इसलिए नहीं आया वरना कब का आया होता।' सच्चाई यह है कि पहले ईश्वर ही चाहता है, जिस शरीर में वह प्रकट होने जा रहा है, वह पूर्ण रूप से तैयार हो। यानी भक्त को तो बाद में विचार आता है कि 'मैं ध्यान में बैठूँ।' पहले ईश्वर ही चाहता है कि भक्त ध्यान, साधना द्वारा अपने शरीर को उसकी कृपा के लिए पात्र बनाए।

बहरहाल ध्रुव को भी तपस्या करते-करते बहुत समय बीत चुका था। भगवान विष्णु बालक ध्रुव की तपस्या से बड़े प्रसन्न हुए। उन्होंने जब देखा कि लक्षता से बात न बनी तो इंद्रदेव बालक की तपस्या भंग करने का अन्य उपाय खोज रहा है तो उसे समझाया कि 'इस बालक से आपकी और आपके देवलोक की कोई हानि नहीं होनेवाली। आप निश्चिंत रहें और बालक को अपनी साधना करने दें।'

भगवान विष्णु के समझाने पर इंद्रदेव मान गए और भगवान विष्णु बालक ध्रुव से मिलने निकल पड़े।

इंद्रियाँ भक्ति में विघ्न पैदा करती हैं

लगभग पौराणिक कथाओं में ऐसा वर्णन आता है कि जब भी कोई भक्त, ऋषि या तपस्वी अपनी तपस्या में बैठता है तो इंद्रदेव का सिंहासन डोलने लगता है और इंद्र उस भक्त की तपस्या भंग करने की पूरी कोशिश करता है। इसके लिए वह अप्सराओं को भेजता है या दूसरे तरीके अपनाता है। दरअसल, यह प्रसंग हमें सिखाता है कि कैसे जब कोई भक्ति की राह में आगे बढ़ता है तो उसके सामने इंद्रियों के प्रलोभन आते हैं। इंद्र, इंद्रियों का प्रतीक है और उसके द्वारा भेजी गई अप्सराएँ प्रलोभनों का।

जैसे एक शिव भक्त ने अपनी भक्ति में दृढ़ता लाने हेतु हर सोमवार को उपवास रखने का प्रण लिया। अब पहले ही सोमवार को उसके घर कोई रिश्तेदार आया, जिसने अपने शहर से उसकी पसंद की मिठाई लाई। मिठाई ऐसी थी, जो अगले दिन तक खराब हो जानी थी इसलिए उसे उसी दिन खत्म करना ज़रूरी था। अब वह भक्त उलझन में पड़ गया। तोलूमन कह रहा है, 'आज मिठाई खा लो, महीनों

बाद आई है, व्रत का क्या, कल रख लेना। सोमवार, मंगलवार सब बराबर ही हैं। वैसे भी मंगलवार हनुमान जी का दिन है और हनुमान जी भी तो शिव का ही रूप हैं।' फिर एक और विचार आया, 'भगवान शिव ने ही अपना प्रसाद भेजा है, उनके प्रसाद का अनादर मत कर, खा ले।'

अब भक्त का मन डोलने लगा और आखिरकार उसने प्रलोभन के आगे हथियार डाल दिए।

यह तो एक छोटा सा उदाहरण है, इससे भी बड़े-बड़े प्रलोभन आते हैं। यही हालत हो जाती है, जब इंद्रियों के प्रलोभनों से सामना होता है। उस समय मन लालच को चुनता है या भक्ति को, यह हमारी संकल्प शक्ति तय करती है।

इंद्र के प्रलोभनों के अलावा तप के रास्ते में अहंकार को पोषित करनेवाले तत्व भी मिलते हैं। जैसे बड़े तपस्वी, ज्ञानी इंसान के पीछे बहुत से ज्ञान और भक्ति के प्यासे लोग चलने लगते हैं। उनकी प्रशंसा करनेवाले, महिमा गानेवाले, जय-जयकार करनेवाले लोग होते हैं। ऐसे लोग एक कच्चे तपस्वी का अहंकार बढ़ा सकते हैं।

समाज में ऐसे बहुत से ज्ञानी हैं, जो कोई सिद्धि या चमत्कार दिखाकर, ज्ञान-ग्रंथों की बातें सुनाकर लोगों को प्रभावित करते हैं। जिससे उनके पीछे शिष्यों की एक लंबी कतार खड़ी हो जाती है, जो उन्हें ईश्वर की भाँति पूजने लगती है।

हो सकता है ऐसे गुरु के शिष्य को उसके समर्पण, श्रद्धा और भक्ति के बल पर आत्मसाक्षात्कार हो जाए लेकिन ऐसे गुरु की अपनी खुद की आध्यात्मिक यात्रा लक्ष्य पर पहुँचने से पहले ही रुक जाती है। जिस माया को छोड़कर वह आध्यात्मिक रास्ते पर आया था, वही माया रूप बदलकर यहाँ भी उसे घेर लेती है।

एक संसारी को फँसाने के लिए माया को कम प्रयास करने पड़ते हैं। बस धन, वैभव, मान, प्रतिष्ठा से ही उसका काम बन जाता है लेकिन एक साधक को अपने जाल में फँसाने के लिए माया इतने अलग-अलग रूप धरकर आती है कि साधक बेचारा समझ ही नहीं पाता कि उसके साथ क्या हो रहा है।

सबसे बड़ा नुकसान माया यह करती है कि अंतिम लक्ष्य से पहले ही, बीच में मिली उपलब्धि जैसे सिद्धि या कोई अनुभव को, उस अंतिम लक्ष्य की तरह दिखा देती है, जिससे साधक उसे ही लक्ष्य प्राप्ति मान लेता है।

जो अपने लक्ष्य के प्रति दृढ़ संकल्प लेते हैं, उसे पाने के लिए एकाग्र रहते हैं, वे इस जंग में जीत जाते हैं और बाकी लोग प्रलोभनों में फँस जाते हैं।

भक्त ध्रुव घर से निश्चय करके निकला था कि भगवान विष्णु की गोद से कम पर समझौता नहीं करना है, उसे ही पाना है। उसकी भक्ति में बड़ा बल था इसलिए उसे कोई भी तपस्या से हिला नहीं पाया। वरना वह भक्ति ही क्या जो प्रलोभनों के सामने घुटने टेक दे इसलिए अपनी भक्ति में इतनी शक्ति लानी चाहिए कि उससे बड़ा कोई आकर्षण न दिखे।

भक्ति, भक्त की रक्षा करती है

कथा में आता है कि भगवान विष्णु अपने इस बाल भक्त की भक्ति से बड़े प्रसन्न थे। वे खुद चाहते थे कि बालक ध्रुव की तपस्या पूरी हो इसीलिए वे इंद्रदेव से कहते हैं कि वे बालक ध्रुव की तपस्या भंग करने का प्रयास न करें।

दरअसल लोग सोचते हैं, भगवान कहीं दूर बैठा है और भक्त तपस्या करके उसकी कृपा पाने का, उसका साक्षात्कार करने का प्रयास कर रहा है। वास्तव में ऐसा नहीं है।

सच तो यह है कि ईश्वर भी स्वयं भक्त के दर्शन करना चाहता है; भक्त के शरीर में प्रकट होने की ईश्वर की भी इच्छा है इसीलिए वह उसकी तपस्या में अपनी ओर से पूरा सहयोग कर, उसकी तपस्या की रक्षा करता है। यह एक तरफा व्यवहार नहीं है, यह दोनों तरफ की प्यास है।

यह ईश्वर की ही चाहत होती है कि वह किस शरीर में प्रकट होना चाहता है। ईश्वर द्वारा पहले उस शरीर को सत्य की प्यास दी जाती है। अगर प्यास जागृत नहीं हो रही तो ऐसी परिस्थितियाँ तैयार की जाती हैं ताकि इंसान के अंदर सत्य जानने की प्यास उठे। फिर उसे किसी न किसी माध्यम से मार्गदर्शन दिया जाता है। जैसे साधना कैसे करनी है, क्यों करनी है, अपने तप की रक्षा कैसे करनी है आदि। फिर उससे साधना करवाई जाती है।

ईश्वर तो तैयार ही है हर शरीर में अपना अनुभव प्रकट करने के लिए। बाकी तो सब शरीर की तैयारी चल रही है ताकि वह उस अनुभव को अपने भीतर सँभाल सके। आत्मसाक्षात्कार के मार्ग में साधना, हमारे शरीर की पात्रता तैयार करती है और इस प्रक्रिया में ईश्वर खुद हमारी मदद करते हैं।

अब कौन बोला?
शबरी या खबरी

शबरी की सेवा कैसे बोलेगी :
- भगवान की भक्ति में धीरज, प्रतीक्षा और समर्पण होना चाहिए।
- गरीबी या अभाव जैसी परिस्थितियों में भी भगवान में आस्था हो।
- निःस्वार्थ सेवा के माध्यम से दिव्य आनंद को प्राप्त किया जा सकता है।
- भगवान की शरणागति से ही संसार में सच्ची शांति और प्रेम मिलता है।
- अपने मार्ग पर दृढ़ और सहज रहकर अपना लक्ष्य पाया जा सकता है।

खबरी क्या ज़हर उगलेगा :
- भलाई की दुनिया नहीं है इसलिए लोगों को धोखा देकर ही आगे बढ़ा जा सकता है।
- लोग वैसे भी बहुत बेवकूफ होते हैं इसलिए उनके साथ साजिश करना कोई गलत नहीं है।
- किसी के कान भरके, यहाँ-वहाँ की खबरें इकट्ठा करके, थोड़ा मन बहल जाता है, समय भी अच्छा कटता है।

आज दिनभर आपके अंदर से कौन, क्या बोला? नीचे लिखें।

_____

_____

_____

_____

_____

खण्ड ३

बालक ध्रुव से भगवान विष्णु क्यों और कैसे मिले

ईश्वर के सामने बौद्धिकता नहीं चलती, वह बुद्धि के पार है। ईश्वर केवल निर्मल, मासूम भक्ति के सामने प्रकट होता है और स्वयं चलकर भक्त के पास आ जाता है।

११

बालक ध्रुव का ईश्वर संग वार्तालाप

ईश्वर से एकात्म की अवस्था

अब तक की कहानी में हमने जाना कि अनेक बाधाओं के बावजूद ध्रुव अपनी तपस्या में अटल रहा। आइए, अब आगे की कथा का आनंद लेते हैं।

भगवान विष्णु भक्त ध्रुव की कठिन तपस्या से पसन्न होकर आखिरकार उसके सामने प्रकट हुए और कहा, 'बालक ध्रुव मैं आ गया हूँ, अपनी आँखें खोलो।'

हालाँकि गुरु की आज्ञा थी, चाहे कैसी भी आवाज़ें आएँ, प्रलोभन का आभास हो, आँखें नहीं खोलनी हैं। भगवान विष्णु की आवाज़ सुनकर ध्रुव सोचने लगा, 'हो सकता है यह भी कोई भ्रम हो।' क्योंकि उसे तपस्या करते हुए लंबा समय बीत चुका था और इस बीच उसने आँधी-तूफान, जानवरों या माँ की आवाज़ से निर्माण हुए बहुत से भ्रम देख लिए थे।

इंसान को जब नींद में सपने आते हैं तब उसे कई सारी चीज़ें दिखाई देती हैं। वह अलग-अलग लोकों में पहुँच जाता है। ऐसे में यदि वह जागृत है तो सपने में भी बोल सकता है, 'यह सब झूठ है, सच नहीं है, न फायदेमंद है, न नुकसानदेह।' यानी किसी भी घटना या दृश्य का उस पर कोई प्रभाव नहीं हो रहा है। सपने में भी उसकी जागृति बनी

हुई है। इसी तरह ध्रुव भी अलग-अलग बाधाओं के बावजूद विपरित परिस्थितियों में भी अपनी तपस्या में लीन रहा।

जब भी गहराई में साधना होती है तब डर, चिंता या परेशानी का विचार आने पर ध्रुव की तरह ही इंसान दृढ़ता से कह पाता है, 'यह सच नहीं है, झूठ भी नहीं है, फायदेमंद भी नहीं है, नुकसानदेह भी नहीं है।' अर्थात चिंता या डर की वजह से अपने किसी भी कार्य को रोकने की आवश्यकता नहीं है।

कहानी में जैसे बताया गया कि भगवान विष्णु के आने पर भी ध्रुव ने आँखें नहीं खोलीं। क्योंकि उसे देवर्षि ने बताया था कि तपस्या में मन भी अपने भ्रम दिखाता है। अतः ध्रुव तपस्या में बैठा रहा और जो कुछ हो रहा था, उसे सिर्फ साक्षी भाव से जानता रहा। यह देख भगवान विष्णु आश्चर्यचकित हुए। वे सोच में पड़ गए कि 'यह बालक तो आँखें ही नहीं खोल रहा है, अब क्या किया जाए?'

फिर उन्होंने कहा, 'अच्छा अपनी आँखें मत खोलो मगर मैं तुमसे जो सवाल पूछूँगा, उसका जवाब मुझे नहीं बल्कि स्वयं को दो।' फिर भगवान विष्णु ने सेवक की भूमिका निभाते हुए उससे सवाल पूछा, 'हू आर यू? आप कौन हो?' अब बालक ध्रुव 'मैं कौन हूँ?' यह सवाल सुनकर आंतरिक गहराइयों में जा रहा था और भगवान विष्णु बीच-बीच में बालक से पूछ रहे थे, 'आप कौन हो?' बालक ध्रुव खोजी बनकर, अंदर ही अंदर स्वअनुभव की अवस्था के नज़दीक पहुँच रहा था।

कुछ देर बाद उसके भीतर जो अनुभव प्रकट हुआ, ठीक वही अनुभव (विष्णु के रुप में) बाहर भी उपलब्ध था। जैसे श्रीकृष्ण ने अर्जुन को विश्वरूप दर्शन दिया था, वही दर्शन भगवान विष्णु ने अनुभव के स्तर पर ध्रुव को कराया।

वास्तव में यह आंतरिक अनुभव की बातें हैं, जिन्हें फिल्मों या टी.वी. सीरीयल्स में बाहरी तौर पर बहुत भव्य तरीके से दर्शाया जाता है। परिणामतः लोग उसी कल्पना में जीते हैं। जबकि वास्तविक सत्य यह है कि भगवान और भक्त के बीच में कोई भेद (आकार) नहीं रहा, दोनों एक होकर, एकात्मता की गोद में ही पहुँच गए।

जब भगवान विष्णु और भक्त ध्रुव एक ही अनुभव को महसूस कर, दोनों एक हो गए थे तब ध्रुव की आँखें खुलीं। यह ब्रह्मांड का ऐसा अद्‌भुत दृश्य था, मानो सामने और अंदर एक ही एकात्मता का अनुभव महसूस हो रहा हो। अब काफी समय बालक ध्रुव इसी अवस्था में आँखें खोलकर बैठा रहा। भक्त और भगवान दोनों में से किसी को बातचीत करने की कोई ज़ल्दी नहीं थी। दोनों केवल उपस्थित

थे। फिर काफी समय उपरांत जब बातचीत हुई तब बालक ध्रुव के सारे संशय मिट चुके थे।

अंततः बालक ध्रुव को भगवान विष्णु की आंतरिक अनुभूति हुई और उसने उनका साक्षात्कार किया।

भगवान विष्णु ने ध्रुव से कहा, 'मैं तुम्हारी तपस्या से प्रसन्न हूँ बालक! तुमने जिस इच्छा से तप किया है, वह वरदान मुझसे माँग लो।'

बालक ध्रुव ने भगवान विष्णु को प्रणाम कर कहा, 'हे भगवन, आपसे इस संसार में क्या छिपा है? मेरी सौतेली माता ने कहा था कि मैं अपने पिता के राज सिंहासन के योग्य नहीं हूँ इसलिए मैं आपकी कृपा से वह स्थान चाहता हूँ, जो हर राज सिंहासन से बड़ा हो और आज तक इस संसार में किसी को भी प्राप्त न हुआ हो। साथ ही मैं आपकी भक्ति और कृपा चाहता हूँ।'

इस पर भगवान विष्णु बोले, 'प्रिय ध्रुव, तुम्हें मेरी गोद चाहिए थी न! यह ब्रह्माण्ड ही मेरी गोद है। अब तुम इसी में रहोगे, ध्रुव तारा बनकर, मेरी ब्रह्माण्ड रूपी गोद में तुम्हारा स्थान हमेशा अटल रहेगा। यहाँ से तुम्हें कोई नीचे नहीं उतार सकता।

मैं तुम्हें उस लोक का स्वामी बनाता हूँ– जो सूर्य, चंद्र आदि ग्रहों, सभी नक्षत्रों और सप्त ऋषियों से भी ऊपर है। जिस पद पर कोई दूसरा कभी नहीं पहुँच सकता और वह लोक तुम्हारे ही नाम से जाना जाएगा। साथ ही जब तक यह सृष्टि है, तुम्हें मेरे परम भक्त के रूप में जाना जाएगा और तुम पर मेरी कृपा हमेशा बनी रहेगी।'

जिस तरह नरसिंह अवतार में भक्त प्रह्लाद को ईश्वर की गोद मिली, उसी तरह बालक ध्रुव को भी उच्च स्थान मिला।

ध्रुव यही कामना लेकर घर से निकला था कि उसे ऐसी गोद मिले, जहाँ से उसे कोई नीचे उतार न पाए। माँ सुनीति ने ध्रुव से कहा था कि 'ऐसा हो सकता है, यह संभव है।' माँ सुनीति की यही प्रार्थना थी कि बालक को पिता और परमपिता की गोद और राजगद्दी दोनों मिले।

हर माँ चाहती है कि उसके बच्चे का संपूर्ण विकास हो। उसी के परिणामस्वरूप श्रीनारायण ने ध्रुव को अटल स्थान दिया। कहते हैं वह विशेष तारा, जो हमें चमकीला दिखाई देता है, संसार में ध्रुवतारा (नॉर्थ स्टार) के नाम से जाना जाता है। वह सबसे चमकदार, सबसे बड़ा नज़र आता है। भक्त ध्रुव का वही लोक है, जो हमेशा अटल है।

अब कौन बोला?
चैतन्य या चिंता

चैतन्य महाप्रभु क्या बोलेंगे :

- ऊँच-नीच का भेदभाव मिटाकर, सबमें एक ही ईश्वर देखें।
- अपने समस्त पापकर्म, दुराचार, शराब आदि व्यसनों को छोड़कर, मात्र हरि नाम का सेवन करें।
- सब दुःख-चिंताएँ ईश्वर को समर्पित कर, उसी के नाम पर निर्भर होकर आनंद से जीएँ।

महा चिंता क्या बोलेगी :

- खर्चे दिन ब दिन बढ़ते जा रहे हैं, बजट कैसे परफेक्ट बने?
- बढ़ती उम्र बीमारी का घर बनती जा रही है और बच्चे अभी छोटे हैं, कैसे इन्हें बड़ा करें?
- समय कम, काम ज़्यादा, कैसे बिठाएँ इनमें तालमेल?
- समाज में तो अच्छाई सिर्फ कहने के लिए बची है।
- तनाव, डिप्रेशन, चिंता... आज की आम समस्याएँ हैं, इनसे बचना मुश्किल है।

आज दिनभर आपके अंदर से कौन, क्या बोला? नीचे लिखें।

_____

_____

_____

_____

_____

१२

ध्रुव द्वारा हुई भक्ति की अभिव्यक्ति

सच्चा कर्मयोगी

भक्त और भगवान के अद्भुत मिलन के बाद, भगवान विष्णु ने ध्रुव से कहा, 'अब तुम्हें वापस अपने राज्य जाना चाहिए क्योंकि वहीं तुम्हारी कर्मभूमि है। तुम मेरे साथ रह सकते हो मगर अभी नहीं। अभी तुम अपने राज्य में जाकर, ऐसा कुछ करो कि कभी किसी बालक को उसके पिता की गोद से उतारा न जा सके। सोचो, क्यों किसी बालक को गोद नहीं मिलती? ऐसे कितने बालक होंगे, जिनके माँ-बाप नहीं हैं। तुम उनके लिए निमित्त बनो, अपना राज्य सँभालो। पृथ्वी पर सारी व्यवस्थाएँ हो चुकी हैं, केवल तुम्हें वहाँ पहुँचकर अपना कर्म करना है।'

बालक ध्रुव भगवान विष्णु से आज्ञा और वरदान पाकर, अपने घर-राज्य लौट गया। राज्य में पहुँचकर सबसे पहले वह छोटी रानी के महल में पहुँचा, जो दुःखी थी। क्योंकि राजा उत्तानपाद उसकी हरकतों से नाराज़ होकर, उससे दूर जा चुके थे। आज अचानक बालक ध्रुव को अपने समक्ष देख रानी सुरुचि बेहद खुश हुई। वरना उसे डर था कि ध्रुव नहीं आया तो राजा कभी उससे नहीं मिलेंगे मगर अब यह मुसीबत टल चुकी थी।

बालक ध्रुव जब रानी सुरुचि के नज़दीक पहुँचा तब उसके चेहरे का तेज देखकर वह चौंक गई। बालक ध्रुव ने उसे धन्यवाद देते हुए कहा, 'माता आपकी वजह से मुझे भगवान विष्णु के दर्शन हुए। आपने

ही मुझे उनका नाम बताया था वरना मुझे कैसे पता चलता? कब उनका दर्शन होता? आप यदि मुझे पिताजी की गोद से नहीं उतारती तो मैं भगवान विष्णु को पाने हेतु तपस्या करने कभी न जाता। केवल आपकी वजह से मुझे नारायण की गोद मिली।' यह कहकर उसने रानी सुरुचि के पाँव छूते हुए उन्हें अनंत धन्यवाद दिए।

ध्रुव की इतनी मधुर बोली सुन और उसका प्यारा सा मुख देखकर, सुरुचि का भी हृदय परिवर्तन हुआ। उसने भी ध्रुव को धन्यवाद देकर गले से लगा लिया। फिर परिवार के सभी सदस्य यानी राजा उत्तानपाद, रानी सुनीति, रानी सुरुचि, बालक ध्रुव, उत्तम सभी एक ही महल में मिल-जुलकर बड़े प्रेम और आनंद के साथ रहने लगे। अब महल की सारी परेशानियाँ समाप्त हो चुकी थीं। सभी के बीच जो मनमुटाव था या आगे मनमुटाव होने की जो संभावना थी, वह भी समाप्त हो चुकी थी।

सोचकर देखें, भगवान विष्णु का परम भक्त, आत्मसाक्षात्कार प्राप्त बालक ध्रुव अब अपना राज्य और वहाँ के लोगों को कैसे देखेगा? उनके लिए कैसी व्यवस्थाएँ करेगा? वह यही चाहेगा कि सभी लोग उसी की तरह आत्मसाक्षात्कार प्राप्त कर, प्रेम, आनंद, शांति की अभिव्यक्ति करें। उसी से संबंधित सारी योजनाएँ और व्यवस्थाएँ हों। फिर महल में ऐसा वातावरण तैयार हुआ कि सुबह लोग नींद से जागे हैं और महल के चारों तरफ मधुर संगीत गूँज रहा है, सुंदर भजन की आवाज़ आ रही है। पता चला कि बालक ध्रुव ने ये सारी व्यवस्थाएँ की हैं और वह स्वयं भक्ति भाव में भजन गुनगुनाते हुए मगन अवस्था में बैठा है। उसके साथ अन्य भी भजन गाते हुए ईश्वर की आराधना में लगे हुए हैं। चलिए, आप भी बालक ध्रुव के साथ उस भजन का आनंद लें।

जय नारायण... स्वामी नारायण... जय नारायण
जय-जय नारायण, नारायण हरि-हरि,
स्वामी नारायण, नारायण हरि-हरि,
तेरी लीला सबसे न्यारी-न्यारी हरि-हरि
तेरी महिमा... तेरी महिमा
तेरी महिमा प्रभु है प्यारी-प्यारी हरि-हरि,
जय-जय नारायण, नारायण हरि-हरि,
स्वामी नारायण, नारायण... हरि-हरि।
अलख निरंजन, भव-भय भंजन, जन-मन रंजन दाता,
जन मन रंजन दाता,

हमें शरण दे अपने चरण में, कर निर्भय जग त्राता*,

कर निर्भय जग त्राता,

तूने लाखों की नैया तारी-तारी हरि-हरि,

जय-जय नारायण, नारायण हरि-हरि,

स्वामी नारायण, नारायण हरि-हरि।

प्रभु के नाम का पारस जो छू ले, वो हो जाए सोना,

वो हो जाए सोना,

दो अक्षर का शब्द हरि है लेकिन बड़ा सलोना,

लेकिन बड़ा सलोना,

उसने संकट टालें भारी-भारी, हरि-हरि

जय-जय नारायण, नारायण हरि-हरि,

स्वामी नारायण, नारायण हरि-हरि।

तेरी लीला सबसे न्यारी-न्यारी हरि-हरि

तेरी महिमा... तेरी महिमा

तेरी महिमा प्रभु है प्यारी-प्यारी हरि-हरि,

जय-जय नारायण, नारायण हरि-हरि,

स्वामी नारायण, नारायण... हरि-हरि।

बालक ध्रुव ने पिता के बाद, कई वर्षों तक राज किया। अपने जीवन में हमेशा धर्म और नीति का पालन किया। अपने राज्य में उसने सनाथ आश्रम खोला ताकि कोई भी बालक पिता की गोद से महरूम न रहे। यह ऐसा विश्वनाथ आश्रम था, जिसमें हर बच्चे को भरपूर प्रेम मिला, एक आनंदित वातावरण में उन्हें उचित शिक्षा और सही मार्गदर्शन मिला। यहाँ रहनेवाले बच्चों को खेल-कूद, पढ़ाई, ध्यान के साथ-साथ रचनात्मक कार्य करने का मौका भी मिला। इन सबके बावजूद उन्हें इस समझ के साथ ध्यान और जीना सिखाया गया, 'न सच है, न झूठ है, न फायदेमंद है, न नुकसानदेह।'

आगे चलकर वे बच्चे बड़े होकर आनंदित जीवन जीते हुए, औरों के लिए निमित्त बने। उन्हें न किसी सुख-सुविधा से चिपकाव था, न ही उनमें किसी बात का विरोध था। ऐसी तैयारी के साथ विश्व में कैसा निर्माण कार्य हुआ होगा! यकीनन वह उच्चतम विकसित समाज का ही निर्माण कार्य हुआ!!

त्राता– रक्षण करनेवाला।

सोचें, बालक ध्रुव के राज्य में होली, दिवाली... हर त्योहार किस आनंदोत्सव के साथ मनाया गया होगा? वहाँ कौन से रंगों से होली खेली गई होगी! वह ऐसा भक्ति का रंग था, जो एक बार लग जाए तो कभी न उतरे। वहाँ होली में भजन-भक्ति-संगीत का आयोजन होता था। वहाँ दिवाली में हर घर में, हर शरीर में कैसा दीपक जल रहा होगा? कभी न बुझनेवाला दीया, जो सदैव प्रकाशमान है।

इस तरह बालक ध्रुव एक सच्चा कर्मयोगी बना। उसका मन भगवान विष्णु की भक्ति में रमा रहता और शरीर सांसारिक दायित्व का पालन करता रहता। वह एक सफल राजा सिद्ध हुआ। उसकी प्रजा और परिवार सभी उससे प्रसन्न थे। उसने मुक्ति को प्राप्त किया और दूसरों की मुक्ति के लिए भी निमित्त बना। बालक ध्रुव स्वअनुभव को प्राप्त कर, हमेशा उसी पर अटल रहा इसलिए वह अटल भक्ति का प्रतीक बना।

जब साधक को इस अनुभव का बोध होता है, उसे ही आत्मसाक्षात्कार (सेल्फ रियलाइजेशन) कहा गया है और जब वह हमेशा के लिए इस अनुभव में स्थापित रहना सीख लेता है तो इसे आत्मस्थिरता (सेल्फ स्टेबिलाइज़ेशन) कहा जाता है। यही अध्यात्म की सबसे उच्चतम अवस्था है, यही हमारे जीवन का और हर तपस्या का अंतिम लक्ष्य है। देखा जाए तो यह कितनी मूल्यवान सीख है कि बच्चों को बचपन में ही ऐसा माहौल, ऐसी समझ दी जाए ताकि वे अपने स्वअनुभव पर बने रहें क्योंकि बच्चे सहज रूप से अनुभव पर होते हैं। वे उससे ज़्यादा दूर नहीं जाते इसलिए उनके अनुभव पर रहने की संभावना ज़्यादा होती है।

अगर बच्चों को सही ट्रेनिंग, सही परवरिश, शिक्षा और ऐसा माहौल दिया जाए, जहाँ वे ज़्यादा से ज़्यादा अपने अनुभव पर रहकर जीवन जी पाएँ तो इस दुनिया में सबकी कितनी उच्च चेतना होगी, कितना प्रेम, आनंद और सौहार्द का माहौल बनेगा, इसका हम अभी अंदाज़ा भी नहीं लगा सकते। तब एक ऐसा उच्चतम विकसित समाज बनेगा, जिसमें हर शरीर से ईश्वरीय अभिव्यक्ति ही हो रही होगी। जीवन, आनंद का दूसरा नाम होगा।

इस तरह भक्त ध्रुव की कहानी हमें सिखाती है कि हर परिस्थिति में नज़र हमेशा ऊँचे लक्ष्य पर ही रखनी चाहिए। लक्ष्य के प्रति प्रेम और समर्पण इतना गहरा हो कि उसके सामने हम किसी भी बात से समझौता न करें। जिसके मन में ध्रुव की तरह दृढ़ निश्चय और आत्मविश्वास हो, वह इस संसार में असंभव को भी संभव कर सकता है। आइए, एक भजन के ज़रिए हम भी बालक ध्रुव की तरह सदैव श्रेष्ठ आसन में रहने की प्रार्थना करें।

सर्वोच्च आसन-ध्रुवासन

आसान है आसन इंद्रियों का पर उससे भी आगे बढ़ना है। (२)

चाहो तेजविकास जो जीवन का (२ कोरस)

ध्रुवासन में अब बसना है (कोरस)

आसान है आसन इंद्रियों का पर उससे भी आगे बढ़ना है। (कोरस)

इस तेजविकास की यात्रा में तेजइच्छा को बल देना है (२)

बेहोशी से होश में आकर ही मन को देखते हुए देखना है,

अच्छा, न बुरा है कुछ भी यहाँ, (२ कोरस)

उपयोगी क्या है यह परखना है,(कोरस)

चाहो तेजविकास जो जीवन का (१+१ कोरस)

ध्रुवासन में अब बसना है। (कोरस)

आसान है आसन इंद्रियों का पर उससे भी आगे बढ़ना है। (कोरस)

बाहर भी वही, भीतर भी वही, ईश्वर को खुलने का मौका दो (२)

अपने ही शुद्ध स्वरूप में रहो।

बालक ध्रुव जैसे बन जाओ, (कोरस)

तेजम-तेजम जब जाप चले। (कोरस)

तेजम-तेजम (१६ कोरस)

तेजम-तेजम जब जाप चले, इंद्रासन ध्रुवासन तब हो (२ कोरस)

चाहो तेजविकास जो जीवन का (२)

ध्रुवासन में अब बसना है,(कोरस)

आसान है आसन इंद्रियों का पर उससे भी आगे बढ़ना है। (२)

चाहो तेजविकास जो जीवन का (२ कोरस)

ध्रुवासन में अब बसना है (कोरस)

आसान है आसन इंद्रियों का पर उससे भी आगे बढ़ना है। (कोरस)

आसान है आसन इंद्रियों का पर ध्रुवासन में बसना है। (३)

अब कौन बोला?
विदुर या असुर

विदुर क्या बोलेंगे :
- सच्चाई, धर्म, नैतिकता और ईमानदारी का हमेशा पालन करें।
- समस्याओं का सामना करते समय बुद्धिमत्ता का सही इस्तेमाल करें।
- सामाजिक न्याय का पालन करते हुए, समाज के हर वर्ग के लोगों के लिए समानता और शुद्धता का भाव रखकर, न्याय करें।
- समय का सदुपयोग करके ही व्यक्ति सफलता प्राप्त कर सकता है इसलिए समय का मूल्य परखें।
- अहंकार से दूर रहकर, साहसी और सहयोगी बनें।

असुर क्या बोलेगा :
- तुम्हें जो कुछ भी चाहिए, उसके लिए मुझसे माँग करो, वह सिर्फ मेरे कब्जे में है।
- जो मेरे रास्ते में आएगा, उसे निर्ममता से नष्ट कर दिया जाएगा।
- अगर तुम मेरे विरोध में उठे तो तुम्हें अत्याचार का सामना करना पड़ेगा।
- मैं तुम्हारी चेतनता का विनाश कर दूँगा।
- मेरी पूजा, प्रशंसा करो अन्यथा मेरे क्रोध का सामना करो।
- मैं तुम्हारे जीवन को रोज़ नरक बना सकता हूँ, बस मेरे अनुसार चलो।

आज दिनभर आपके अंदर से कौन, क्या बोला? नीचे लिखें।

_____

_____

_____

_____

खण्ड ४

भक्तिमय जीवन की अनूठी समझ क्या है

ध्यानी को जब 'अनुभव' और 'भक्ति' रूपी दो पंख मिलते हैं तब वह अपने असली उद्देश्य को प्राप्त करता है।

१३

भक्ति का गहरा रंग

भक्ति बल बने

श्याम पिया मोरी रंग दे चुनरिया
ऐसी रंग दे, के रंग नाही छूटे
धोबिया धोए चाहे सारी उमरिया।।
लाल ना रंगाऊ मैं हरी ना रंगाऊ
अपने ही रंग में रंग दे चुनरिया।।

मीरा का यह सुप्रसिद्ध पद श्याम से भक्ति की माँग कर रहा है। वे कहती हैं कि मेरी चुनरी को भक्ति के रंग में ऐसे रंग दे कि धोबी के धोने पर भी रंग न छूटे। मीरा पर वैसा रंग चढ़ा भी, जो अंत तक नहीं उतरा। लेकिन आश्चर्य की बात है कि उनके आस-पास रहनेवाले लोगों पर वह रंग नहीं चढ़ा।

कभी-कभी कपड़े धोते समय कुछ कपड़ों का रंग छूटकर दूसरे कपड़ों में लग जाता है। अब कपड़े से रंग छूटा ही इसलिए क्योंकि वह कच्चा था लेकिन फिर दूसरे कपड़े पर वही कच्चा रंग चिपककर पक्का बन जाता है। छुड़ाए नहीं छूटता। है न आश्चर्य!

अब यह सोचने की बात है कि कुछ कपड़ों पर ही रंग चढ़ता है, सब पर नहीं। जैसे हल्के, सफेद, सूती कपडों पर रंग तुरंत चढ़ जाता है। क्योंकि सूती कपड़ों की सोखने की क्षमता ज़्यादा होती है। उसमें से

हवा, पानी आसानी से आर-पार हो जाते हैं। जबकि सिन्थेटिक अर्थात कृत्रिम धागों से बने कपड़े पानी को नहीं सोख पाते। अतः उन पर रंग नहीं चढ़ता।

हमें अपने मन को सूती कपड़े की तरह हल्का शुद्ध और सोखनेवाला बनाना है। तभी उस पर भक्ति का पक्का रंग चढ़ पाएगा।

भक्ति का रंग उसी पर चढ़ता है, जो उसके लिए ग्रहणशील हो। जिसका मन भक्ति की धारा में बहने के लिए तैयार हो... जिसका मन हलका, शुद्ध और भक्ति के रंग को सोखनेवाला हो। मन निर्मल होकर संतुष्टि में रहना सीखेगा, 'हाँ' की अवस्था में रहेगा, भीतर का अहंकार शांत बैठेगा तो इस अवस्था में भक्ति का रंग चढ़ने में देर नहीं लगेगी। वरना वृत्तियों से भरे अहंकारी मन में भक्ति का प्रवेश भी कठिन है।

भक्ति एक ऐसा उपहार है, जिसके सामने दुनिया का हर उपहार फीका है। जिसने भक्ति का स्वाद चखा है, वह मुक्ति की चाहत से भी मुक्त होता है। भक्ति के आनंद में डूबे इंसान की वासनाएँ विलीन हो जाती हैं और वासनाओं के अभाव का नाम ही मुक्ति है। तब भीतर से आत्मिक आनंद मिलने लगता है। आनंद हमारे अंदर उपलब्ध है ही, भक्ति इस आनंद को प्रकट करने में मदद करती है।

बालक ध्रुव की खोज पिता की गोद पाने के उद्देश्य से शुरू हुई और अंत में वह परम पिता की गोद में जा पहुँचा। आपको मनन करना है कि आपकी खोज किस चाहना से शुरू हुई है? यदि शारीरिक बीमारी से परेशान होकर, स्वास्थ्य लाभ के लिए आपने खोज शुरू की है तो न केवल तन बल्कि मन की चंगाई की संभावना है। यदि पद, पैसा पाने की चाह में खोज जारी है तो बाहरी जगत का पद प्राप्त करने के साथ परम पद पाने की संभावना खुलती है। यदि रिश्तों में मधुरता लाने के लिए खोज चल रही है तो परिवार के साथ ही परमात्मा के संग एकात्मता का रिश्ता जुड़ने की संभावना है। लेकिन खोज के साथ अकंप भक्ति का जुड़ना ज़रूरी है।

ध्रुव तो बालक था इसलिए उसकी सौतेली माँ ने जब भगवान विष्णु को प्रसन्न करने की बात कही तो उसके मन में कोई सवाल नहीं उठा कि 'इससे क्या होगा? मैं ऐसा क्यों करूँ?' लेकिन जब मनुष्य बालक से बालिग बनता है तो उसमें अहंकार पूरी तरह से विकसित हो चुका होता है। उसे मन को झुकाने के लिए बहुत प्रयास करना पड़ता है। अतः जीवन में जितनी जल्दी भक्ति आए, उतना बेहतर है। वरना इंसान सोचता है, 'अभी हमारी उम्र ही क्या है... अभी तो सारा जीवन पड़ा है... बुढ़ापा आने पर करेंगे भक्ति...।' इस तरह सारा जीवन वह व्यक्ति (अलग अस्तित्व)

बनकर गुज़ार देता है और जब बूढ़ा हो जाता है तो इतना बनावटी, अशुद्ध हो चुका होता है कि भक्ति का रंग उस पर चढ़ ही नहीं पाता।

बालक ध्रुव की तरह भक्ति का पक्का रंग यदि हम पर चढ़ जाए तो क्या होगा? उस पक्के रंग के सामने माया का हर आकर्षण फीका पड़ जाएगा। जब आपके सभी कार्य भक्ति से होंगे तो कैसी एकात्मता महसूस होगी! वही जो बालक ध्रुव ने महसूस की! आगे चलकर उसने राज्य की बागडोर भी बखूबी संभाली तथा भक्ति का प्रसार-प्रचार भी किया। इससे हमें यह सीखने को मिलता है कि जीवन में अपना किरदार निभाते हुए भी भक्ति में रहा जा सकता है।

भक्ति का बहाव रुकना

एक बालक निश्चिंत होता है, हमेशा खुश रहता है। अभी उसमें मान-अपमान, तुलना, प्रतिस्पर्धा का भाव नहीं है। वह बिना हार-जीत की कामना के खेलता है। मात्र खेल का आनंद लेता है लेकिन जब वह बालक से बालिग बनता है तो खुशी गायब होती जाती है। जीवन के खेल का आनंद वह नहीं ले पाता। वह सोचता है, 'पहले जीवन में कोई बड़ी सफलता मिले तब मैं खुश होऊँगा' और कुछ बड़ा हुआ भी तो औरों के साथ जो हुआ, वह उसे ज्यादा बड़ा लगता है।

अब वह खुश रहना, आश्चर्य करना, सराहना करना भूल जाता है। जब भी जीवन में परेशानियाँ आती हैं तो वह डर जाता है और मन ही मन सोचता है, 'यह न हो... वह न हो...।' कठिनाइयों का वह प्रतिरोध करने लगता है। फिर धीरे-धीरे उसकी प्रोग्रामिंग पक्की हो जाती है। इस प्रतिरोध के कारण वह अपनी शुद्ध, स्वाभाविक अवस्था से हट जाता है। यह स्वाभाविक अवस्था हमें फिर से पानी है। इसके लिए आगे दिए गए तीन कदमों का सहारा लें।

भक्ति का बहना

१. भक्तों के गुणों पर मनन करके :

खोजी जब महान भक्तों की जीवनियाँ पढ़ता है तो वह जान पाता है कि उनके जीवन में भारी कठिनाइयाँ आने के बावजूद कैसे भक्ति के बल पर उनकी नैया पार हुई। तब उसके मन में भी कुतूहल जागता है। वह सोचता है, 'क्या मुझमें भी यह संभावना खुल सकती है? क्या मैं उनकी तरह जीवन को नए दृष्टिकोण से देख सकता हूँ?' इस तरह उसके मन में भी भक्ति का अंकुर फूटता है। भक्तों के गुणों पर मनन करके भी उसके भीतर भक्ति जागती है।

जरा सोचिए, मीरा कौन सी मुसीबतों के घुंगरू पैरों में बाँधकर नाची थी? सीता किन हालातों से गुज़रते हुए भी नृत्यमय थी? संत कबीरदास, तुलसीदास, सूरदास की जीवनियाँ पढ़कर खोजी जान पाता है कि मुसीबतें, मुसीबतें नहीं बल्कि चेतना के उठने के लिए निमित्त हैं। भक्ति में ही यह समझ पाना संभव है। तब खोजी को पक्का होता है कि बचा हुआ जीवन इसी तरीके से जीया जाए क्योंकि पाने के लिए बहुत कुछ है, खोने के लिए कुछ नहीं है।

यही विश्वास अपने अंदर जगाना है। दिखावटी सत्य बार-बार हमें अपने झाँसे में लेकर, विश्वास को फीका करेगा लेकिन हमें भक्ति की महिमा को सदा याद रखना है। इंसान ने अगर संसार के कार्य-व्यापार का रहस्य जान लिया कि जीवन में घटनाएँ कैसे घटती हैं, क्यों घटती हैं, क्या करने से वह, जो चाहे पा सकता है तो फिर वह भक्ति को हमेशा ऊपर रखेगा। क्योंकि इसी में खुशी, प्रेम, सहजता तथा कुदरत के साथ तालमेल है।

२. हर कार्य में भक्ति को बीच में रखकर :

जब इंसान को अपने लक्ष्य के अतिरिक्त कुछ भी दिखाई न दे, रास्ते की अड़चनों की भी परवाह न करे तो समझिए वह भक्ति से ही कार्य कर रहा है। जैसे किसी ने लक्ष्य लिया कि 'इस वर्ष मुझे फलाँ कॉलेज में प्रवेश पाना है' तो इसके लिए वह पूरी शिद्दत से तैयारी करता है। अपने सारे शौक बाजू में रखकर फोकस्ड होकर पढ़ाई करता है। साथ ही अपने स्वास्थ्य पर भी ध्यान देता है ताकि पढ़ाई में कोई अड़चन न आए। अपने विषय की पूरी जानकारी हासिल करने के लिए अनेक संसाधन (रिसोर्सेज) से पता लगाता है। कोई भी दिक्कत उसके लिए व्यवधान नहीं बनती।

इस तरह छोटे लक्ष्यों को भक्ति से पूरा करते हुए उसके भीतर आत्मविश्वास जागता है। तब वह जीवन को सार्थक बनाने के लिए परम भक्ति प्राप्त करने के लक्ष्य की ओर बढ़ता है। जिसमें उसे बालक ध्रुव की तरह ईश्वर की खोज में पूरी लगन से, अकंप रहकर लगे रहना है।

इसके लिए प्रतिदिन के कार्यों को करते हुए हमें भक्ति को बीच में रखना है। भक्ति को मौका देना है। हमारे कार्य भक्ति के द्वारा संचालित हों। तब वे आसक्ति रहित, फल की कामना रहित, मगन रहते हुए हो पाएँगे। जैसे ऊपर के उदाहरण में भक्ति ही हमसे पढ़ाई करवाए। जब ऐसा होगा तो हम पढ़ाई का भी आनंद ले

पाएँगे। हमें रिजल्ट के विचार, भविष्य की चिंताएँ नहीं सताएँगी। हमारा कर्म ही हमें आनंद देगा।

३. भक्ति सूत्र समझकर :

भक्ति का अजपा सूत्र है '**सब बालक हैं, एक ही पालक है।**' बालक जब बालिग बनता है तो पालक से जुदा हो जाता है। पालक यानी दुनिया को पालनेवाला। जब आप पालने में थे तब भी उसने आपका खयाल रखा और पालने से बाहर आने के बाद भी वही पालेगा।

मनुष्य, पशु-पक्षी, पेड़-पौधे सभी को जीवित रखने की व्यवस्था कुदरत करती है। इन सभी को जीवित रहने के लिए हवा, धूप, बारिश की व्यवस्था की जाती है। एक बच्चे का जन्म होते ही उसके दूध की व्यवस्था खुद-ब-खुद माता के ज़रिए की जाती है। यदि इंसान संचय करने की प्रवृत्ति, भय, असुरक्षा की भावना से मुक्त होकर निश्चिंत जीवन जीए तो कुदरत उसे आसानी से मदद कर पाती है। जैसे आपको कहीं जाना है और उस दिन ऑटो, टॅक्सीवालों की हड़ताल है मगर आप शांत हैं। 'कुछ न कुछ रास्ता निकलेगा', इस भाव से आप घर से बाहर निकलते हैं। तभी सामने आपके मित्र की कार आकर रुकती है और वह आपको लिफ्ट दे देता है।

आपके जीवन में भी ऐसी कई घटनाएँ हुई होंगी, जिनमें अनपेक्षित रूप से आपको लिफ्ट मिली होगी। अतः खोजी को चाहिए कि घटनाओं में वह इस सूत्र की सच्चाई को परखे, जाँचे और अनुभव से अपना विश्वास बढ़ाकर, जीवन में भक्ति का कमल खिलाए।

अब कौन बोला?
सुविचार या कुविचार

सुविचार बोला :
- अभी मुझे टी.वी., मोबाइल बंद कर, ध्यान करना चाहिए।
- फलाँ को मुझे क्षमा कर देनी चाहिए और फलाँ से माफी माँग लेनी चाहिए।
- मुझे अपने पैरेंट्स, बच्चों एवं रिश्तेदारों को क्वॉलिटी टाइम देना चाहिए।
- जंक फूड खाना कम करके, मुझे व्यायाम शुरू करना चाहिए।

कुविचार बोला :
- चलो आज मित्रों के संग कहीं बाहर घूमने चलते हैं, फैमिली में बताने की क्या ज़रूरत है।
- चलो किसी की खिंचाई करते हैं, किसी को डाँट लगाते हैं, बड़ा मज़ा आएगा।
- दो दिन छुट्टी है तो चलो रातभर नेटफ्लिक्स में मूवीज़ देखते हैं।
- जीवन का दूसरा नाम एन्जॉय करना है तो क्यों काम कर-करके परेशान होते रहें।

आज दिनभर आपके अंदर से कौन, क्या बोला? नीचे लिखें।

_____

_____

_____

_____

_____

१४

भक्ति रंग न कभी छूटे

अंतस की पुकार

ओ रंगरेजवा... रंग दे ऐसी चुनरिया
कि रंग ना फीका पड़े।

रंगरेजा... 'रंग-रेज़' एक फारसी शब्द है, जिसका अर्थ कपड़ों को रंगनेवाला। सूफी गीतों, कव्वालियों, गज़लों में इस शब्द का व्यापक रूप से उपयोग किया जाता है। सूफी परंपरा अनुसार सत्य के उपासकों, अनुयाइयों को ईश्वर से डरने के बजाय ईश्वर प्रेमी बनने के लिए कहा जाता है। इसलिए अकसर उनके गीतों में अपने आराध्य के लिए पीया, सजना, साँवरा या महबूब जैसे शब्द का संबोधन देखा जाता है।

तो यह रंगरेज़ ही है, जो (सत्य का ज्ञान देकर) कपड़े (मन) को ऐसे पक्के रंग में रंग देता है, जिसे भक्ति का गहरा रंग कहा गया है। भक्त का प्रेम पाकर पीया (भगवान) भी अपने भक्त का अनुरागी हुए बिना नहीं रह सकता।

वैसे रंगरेज़ किसी जादूगर से कम नहीं है। अपनी कलाकारी से सादे, कोरे, बेरंग कपड़ों की जब सजीले रंगों से रंगाई करता है तब लुभावने, मनमोहक भिन्न-भिन्न प्रकार के रंगों की चटकदार छटा के

प्रभाव से कपड़े जीवंत हो उठते हैं, खिल उठते हैं कि उनकी शान देखते ही बनती है।

क्या आपने कभी सोचा है, कपड़ों का कच्चा रंग छूटकर जब दूसरे कपड़ों पर लगकर पक्का हो जाता है तब उसे छुड़ाना मुश्किल हो जाता है! जरा सोचें ऐसा क्यों होता है?

दरअसल ऐसा मंज़र रंगों की दुनिया में देखने को मिलता है, कपड़ों को रंगने की प्रक्रिया में...! जब कपड़े रंगे जाते हैं तो जो स्थायी नहीं होते वे रंग छूट जाते हैं और कपड़े बेरंग रह जाते हैं। जबकि अन्य कपड़ों पर लगते ही वे पक्के रंगों में तबदील हो जाते हैं, स्थायी और स्थिर हो जाते हैं। क्यों?

कहीं यह कपड़े की बनावट पर निर्भर तो नहीं? एक का रंग छोड़ना और एक का पकड़ना उनका गुणधर्म हो! जो कपड़ा जिस रंग के लिए ग्रहणशील होता है, उस रंग को अपने आपमें सोख लेता है, अपने रेशों में जज्ब कर लेता है। ठीक ऐसे ही भक्तों के साथ भी होता है। ज्ञान के लिए जो ग्रहणशील है, वही भक्ति रंग में रंग जाता है। भक्त का सबसे बड़ा और सुंदर गुण है ग्रहणशीलता! इसके माने हैं, योग्य चीज़ को समाहित कर लेने की काबिलियत।

भक्ति रंग का प्रभाव जब किसी के जीवन पर पड़ता है तो उसमें नई उमंग, नया उत्साह और आनंद से उफनता हुआ जोश हिलोरे मारता है। इधर ज्ञान रूपी रंग गहराने लगते हैं, उधर भक्त के हृदय में भी भक्ति का सुरूर बढ़ने लगता है। उससे प्रेरित हो भक्त ऐसे कार्य कर गुज़रता है, जो किसी सामान्य व्यक्ति के बस की बात नहीं होती।

भक्ति अपने प्रिय आराध्य के लिए निकली एक पुकार है, जो हृदय के तारों को झंकृत करती है, प्रभु मिलन के लिए प्रेरित करती है। जो इसे महसूस करते हैं, वे इस अवस्था को भिन्न-भिन्न रूपों से व्यक्त और अभिव्यक्त करते हैं। जैसे कोई दोहे और चौपाइयों से अलख जगाने का बीड़ा उठाता है। कोई मौन धारण कर लेता है, कोई नैनों से नीर (आँसू) बहाकर अपने हृदय की पीड़ा बयान करता है। कोई अपने हृदय के द्वार खोल देता है, इस प्रतीक्षा में कि कब भगवन आकर मेरे हृदय के आसन पर आसीन हो जाए। ऐसे भक्तों की भक्ति भोली, सरल और निष्काम है।

सच्चे भक्तों को उनके गुणों से पहचाना जाता है, उनके निष्कामभाव और उनके आध्यात्मिक आदर्शों के प्रति उनका अटूट समर्पण होता है...! यही कारण है कि भक्ति हमें जीवन के अर्थ को समझने की क्षमता प्रदान कर, सहज, सरल व

आनंदमय जीवन जीने की ओर अग्रसर करती है।

असली भक्ति बड़े-बड़े उपहारों या दिखावटी प्रदर्शनों की मोहताज नहीं होती बल्कि उससे चुपचाप किए गए कार्यों और व्यक्तित्व की गहराई का पता चलता है। यह इंसान की आध्यात्मिकता और विचारों की गहनता का परिचय देती है। साथ ही सच्चे भक्त औरों के लिए भी प्रेरणा स्रोत बनने का काम करते हैं, जो स्वयं को जानने की दिशा में कार्यरत हैं।

भक्ति, धर्म और संस्कृति की सीमाओं के परे ले जाकर सर्वव्यापक सत्य प्रदान करती है। विभिन्न तबकों के लोगों तक पहुँचकर उनसे जुड़ने का कार्य करती है। भक्ति एक उम्मीद की किरण है, जो हमें अपने उत्तरदायित्वों को मिल-जुलकर निभाने की प्रेरणा देती है।

जीवन की जटिलताओं का सामना करने के लिए क्यों न हम भक्ति की परिणामकारी शक्ति को आत्मसात करें, जो हमारे अस्तित्त्व को अर्थपूर्ण और प्रेरक बनाने में सहायक बने। निःस्वार्थ कार्यों द्वारा हम प्रेम और एकताबद्ध होकर एक ऐसे समाज का निर्माण करें, जहाँ भक्ति प्रमुख हो और उसी से प्रेरित होकर हम एक-दूसरे के साथ आगे बढ़ते जाएँ।

भक्ति रंगों की तरह अंतस की पुकार है, जो उन्हें ही प्रेरित करती है, जो इसे महसूस करना चाहते हैं। जिस प्रकार रंगों के प्रभाव से कपड़े जीवंत हो उठते हैं, उसी प्रकार भक्ति भी जीवन को एक नई उत्साह और प्रेरणा प्रदान करती है।

अब कौन बोला?
अशोक या शोक (दुःख)

राजा अशोक, बोध पाने के बाद क्या बोलेंगे :
- सभी धर्मों का सम्मान करें, साथ ही गरीबों और दुःखियों की मदद करें।
- दुश्मनी की बजाय मैत्री भाव को पसंद करें, किसी को चोट न पहुँचाए, सभी के साथ शांति बनाए रखें।
- अपने कर्तव्यों को समझकर, उन्हें पूरा करने का प्रयास करें। अपने बच्चों को भी कर्तव्यों का ज्ञान करवाएँ।
- स्वच्छता और पर्यावरण का ध्यान रखें।
- अपने अधिकारों का सही उपयोग करें और दूसरों के अधिकारों का सम्मान करें। सभी तक सच्चा ज्ञान पहुँचे।

खबरी का ज़हर उगलेगा :
- लोगों की सहानुभूति पाने के लिए हमेशा दुःखी रहें।
- दुःखी रहकर लोगों से जो चाहो–प्रेम, ध्यान, धन पा सकते हैं।
- जीवन में दुःख का अनुभव करना, एक अलग ही एहसास होता है।
- दुःखी और उदास रहकर आप आराम से, बिना काम किए भी जी सकते हैं।

आज दिनभर आपके अंदर से कौन, क्या बोला? नीचे लिखें।

_____

_____

_____

_____

_____

१५

ओवर, अंडर या राईट भक्ति

म–मुक्तिदायी, स–संतुष्टिदायी, त–तेजस्वी

बालक से बालिग बनने के साथ इंसान का 'मैं' का भाव फल–फूलकर बड़ा हो चुका होता है। साथ ही उस 'मैं' का दायरा भी फैल जाता है। अब उसे पत्नी–पति, बच्चे, घर, अपनी मालकियत लगती है। उसे उनकी शिक्षा, शादी, ज़रूरतों को पूरा करने की फिक्र होती है। ऐसे में डर और असुरक्षा की भावना में फँसकर जिन बातों को महत्त्व देना चाहिए, उन्हें वह दर–किनार कर देता है और जिन्हें महत्त्व नहीं देना चाहिए, उन्हें सबसे ऊपर रखता है।

जिम्मेदारियों के चलते और आर्थिक संपन्नता की लालसा में लिपटा इंसान धन कमाने के लिए हर अच्छा, बुरा तरीका अपनाता है। उसका मन–मस्तिष्क पैसे के अलावा कुछ सोच ही नहीं पाता। नीति–अनीति, सगे–संबंधी सभी को वह अनदेखा करता है। उसके जीवन में पैसे का स्थान सर्वोपरी बन जाता है।

जबकि इंसान को प्रेम, संवेदनशीलता, परोपकार, करुणा, सत्य श्रवण, पठन, मनन को ऊपर रखना चाहिए तभी जीवन में ज्ञान का प्रवेश होगा, भक्ति खिलेगी–खुलेगी। मगर अज्ञानवश इंसान ने कुछ अनावश्यक बातों को बहुत महत्त्व दे रखा है और कुछ महत्वपूर्ण बातों को महत्वहीन करके रखा है।

इसे यूँ भी कहा जा सकता है कि इंसान ने कुछ मुद्दे ओवर रेटेड तो कुछ मुद्दे अंडर रेटेड करके रखे हैं। जैसे कुछ फिल्में देखकर, आप

कहते हो कि फिल्म में कोई दम नहीं था, फिर भी कैसे ब्लॉकबस्टर बन गई? पता नहीं कैसे इतने करोड़ कमा लिए? इन फिल्मों को कहा जाता है- ओवर रेटेड। फिल्म खास न होने पर भी माया के प्रचार की वजह से बहुत बड़ी लगने लगती है। बड़ी चीज़ को नाचीज़ और नाचीज़ को बड़ी चीज़ बनाना माया के बाएँ हाथ का खेल है। माया का आकर्षण, इंसान की भेड़चाल में चलने की आदत और टी.वी./सोशल मीडिया पर दिखाए जानेवाले विज्ञापनों को सच मानने के कारण लोग व्यर्थ बातों को भी बड़ा अर्थ दे देते हैं और अर्थपूर्ण बातों को व्यर्थ करार देते हैं।

बड़ी चीज़ को तो जीवन का अंग बनाना चाहिए, उसकी कद्र करनी चाहिए लेकिन वह बेचारी कोने में पड़ी रहती है। भक्ति ऐसी ही उपेक्षित अंडर रेटेड भावना है। जबकि उसे राइट रेटेड करने की ज़रूरत है। आइए, इस विषय को और अधिक विस्तार से जानते हैं।

अंडर रेटेड मुद्दे

किसी अच्छे मुद्दे यानी गुण, नीति, सिद्धांत की महिमा लोग भूल गए हैं या उसे नहीं पहचानते तब वह बात नीचे दब जाती है। समय के साथ धुँधली पड़ जाती हैं। जैसे-

१ अनुशासन : एक समय था जब घरों में कड़ाई से अनुशासन का पालन किया जाता था। उसके महत्त्व को सब समझते थे। आज बच्चे और माता-पिता में दोस्ताना संबंध तो हो गए हैं लेकिन अनुशासन को पीछे रख दिया गया यानी उसे अंडर रेटेड कर रखा है।

इंसान सोचता है अनुशासित हुए बिना भी काम तो चलता है न!! इस वृत्ति के कारण उसने अनुशासन को नाचीज़ बना दिया है। वह सोचता है, देर से सोकर उठे तो क्या हुआ... समय पर खाना नहीं खाया तो क्या बिगड़ा... अपने कमरे में वस्तुएँ अस्त-व्यस्त रखीं तो क्या... फास्ट फूड ज़्यादा खाया तो क्या...। वह नहीं जानता कि इस अनुशासनहीनता का नतीजा आगे चलकर उसके जीवन को तबाह कर सकता है। अनुशासन के दीर्घकालीन परिणाम होते हैं, जो आपके शारीरिक, मानसिक, आध्यात्मिक स्वास्थ्य को प्रभावित करते हैं। यही वह आदत है, जिससे आप शरीर की लगाम अपने हाथ में ले सकते हैं वरना शरीर आपको अपने इशारे पे चलाएगा।

२. आत्मनिरीक्षण : प्रतिदिन सोने से पहले आत्मनिरीक्षण करने के गुण को इंसान ने भुला दिया है। हर सफल इंसान के पाँच गुण निकाले जाएँ तो सबसे ऊपर आत्मनिरीक्षण या आत्मअवलोकन आएगा। जैसे आज दिनभर क्या-क्या किया...

कौन से अच्छे तो कौन से बुरे कर्म घटे... किसे दुःख पहुँचाया... किसे डाँटा... किसे प्यार किया और क्यों...? उसके पीछे मेरी मंशा क्या थी...? क्या किसी स्वार्थवश मैंने ऐसा किया...? आदि।

ऐसा कपटमुक्त विश्लेषण आपको एक बेहतर इंसान बनने की ओर ले जाता है। क्या इसे आपने अपने जीवन में योग्य स्थान दिया है? इसे राइट रेटेड बनाया है?

३. भक्ति-ध्यान-श्रवण : मनुष्य जीवन का यह सबसे उपेक्षित हिस्सा है, पूर्णतः अंडर रेटेड है क्योंकि यह मान्यता बरसों से दिमाग में बैठी है कि ये सारी बातें वृद्धावस्था के लिए हैं। विज्ञान के हायटेक युग में आज भक्ति को पुराने चश्मे से देखा जाता है। उसे पुरानी परंपरा का दर्जा दिया गया है। इंसान नहीं जानता कि भक्ति का वैक्सीन इतना शक्तिशाली है कि वह मायावी दुनिया के हर रोग का इलाज है।

ओवर रेटेड मुद्दे

हमारे आस-पास लोग पदार्थों, वस्तुओं की बातों में लगे हैं। 'तुम क्या खा रहे हो, जो इतना मुस्कुरा रहे हो... कौन से ब्रांड के कपड़े पहनते हो... कौन सी क्रीम लगाते हो, जो तुम्हारा चेहरा इतना चमक रहा है... तुम्हारी उम्र क्या है... तुम्हारा वज़न कितना है... शरीर में क्या-क्या तकलीफें हैं...' आदि। ये सवाल बताते हैं कि शत-प्रतिशत तुम शरीर हो। माया इसे इतनी बार दोहराती है कि इंसान को वही सच लगने लगता है। उसे कभी विचार ही नहीं आता कि 'मैं शरीर से परे भी कुछ हो सकता हूँ।' इस तरह माया ने शरीर को ओवर रेटेड बना दिया है।

आपको अपनी दिनचर्या पर एक नज़र डालनी है। सुबह उठने से लेकर रात सोने तक आप ऐसी कौन कौन सी बातों को महत्त्व देते हैं, जो आपके शरीर होने पर मुहर लगाती हैं या ऐसी किन-किन क्रियाओं को आपने महत्त्व दे रखा है, जो आपके विकास में बाधा बनती हैं?

सुबह उठते ही आजकल पहला काम होता है पास रखा मोबाइल फोन चालू करना... मॉर्निंग मेसेजेस पढ़ना, भेजना। मोबाइल फोन को आज सभी ने इतना ओवर रेटेड कर रखा है कि उसके बिना इंसान बेचैन हो जाता है। नोटिफिकेशन की रिंग बजी, न बजी कि तुरंत देखना होता है- क्या आया... किसने भेजा... फिर कंटेंट काम का न हो तो भी उस पर समय जाया करना... अनावश्यक स्क्रोलिंग में समय बिताना, सोशल मीडिया पर टाइम पास करना, ओटीटी प्लेटफॉर्म पर पूरी वेब सीरीज एक रात में देख लेना...। ऐसी कितनी ही बातों को इंसान ने ओवेर रेटेड करके रखा है।

मनोरंजन की अति, मित्रों के साथ समय बिताने की अति, वीकेंड पर मॉल में जाकर सारा दिन गुजारना, दिखावे के लिए महंगे कपड़े, गॅजेट्स, ब्रॅन्डेड एक्सेसरीज

और न जाने क्या-क्या। सोचिए, मनोरंजन के इस दुश्चक्र में फँसने के बाद जहाँ हर कार्य स्वयं को शरीर मानकर किया जा रहा है, भक्ति के लिए कोई जगह बचती है क्या? इसका मतलब यह नहीं कहा जा रहा है कि मनोरंजन, शौक पूरी तरह से बंद कर दें बल्कि पहले भक्ति क्या है, यह समझकर जब आप माया में जाएँगे तो माया आपको फँसा नहीं पाएगी बल्कि भक्ति की ही याद दिलाएगी।

इसके लिए आपको कुछ बातें, जो अंडर रेटेड हैं, उन्हें राइट रेटेड करनी होंगी।

राइट रेटेड कैसे करें

एक तराजू के उदाहरण से इसे समझें। जब दोनों पलड़ों में एक वज़न का सामान हो तभी उसका काँटा मध्य में रहता है वरना दायीं या बायीं ओर झुका रहता है। हमें भी जीवन में ऐसा ही संतुलन बिठाना है। किसी भी चीज़ की अति में न जाना, उसे राइट रेटेड बनाने में मदद करता है। जैसे जब इंसान मनोरंजन की अति में जाता है तो वह मनोरंजन को ओवर रेट कर रहा है, वहीं वह हल्का-फुल्का (डी-स्ट्रेस) होने के लिए भी मनोरंजन का आधार नहीं ले रहा तो वह उसे अंडर रेट कर रहा है।

आज इंसान ने भक्ति, श्रवण, मनन, ध्यान को कोने में धकेल दिया है यानी अंडर रेटेड किया है। उसने मान लिया है कि बुढ़ापे में भक्ति की जाती है या शक्तिहीन इंसान भक्ति में रमता है। लेकिन जब वह सत्य श्रवण, मनन करेगा तो भक्ति का सच्चा अर्थ समझ पाएगा। स्वीकार की शक्ति, वर्तमान में रहना, सराहना करना, हर घटना को सीढ़ी बनाना और मगन रहने की कला खुद-ब-खुद उसके जीवन का हिस्सा बनेगी।

भक्ति को राइट रेटेड बनाने के लिए आपको उसकी महिमा सुननी होगी, उसकी शक्ति जाननी होगी, उसका रंग लगाना होगा। भक्ति नाचीज़ नहीं, मस्त है यानी म-**मु**क्तिदायी, स-**सं**तुष्टिदायी और त-**ते**जस्वी है। उसकी जागृति आपका रूप-रूपांतरण कर सकती है। इंसान को विश्वास नहीं होता कि भक्ति इतनी महान साधना होगी मगर जब आप उसे राइट रेटेड बनाते हैं तो वह खिलकर आपको भी खिला देती है।

भक्ति जागते ही अहंकार की व्यर्थता समझ में आएगी और अहंकार की परत बाजू हटते ही भक्ति खिलेगी। आत्मबोध प्राप्त संतों के चरित्र पढ़ने पर भक्ति की महत्ता पता चलेगी। जब इंसान भक्ति को जीवन का अंग बनाएगा तो पाएगा कि उसका दिन-प्रतिदिन के कार्यों की गुणवत्ता पर भी असर पड़ता है। ये सब करके वह सेल्फ को अपने शरीर द्वारा खिलने-खुलने का मौका देता है। यही मानव जीवन की सार्थकता है।

अब कौन बोला?
केवट या कपट

राम भक्त केवट क्या कहेगा :
- आप धार्मिक हो या न हो लेकिन अगर आपका कोई ईश्वर है तो उसमें अटूट विश्वास करें।
- कोई भी काम हो, खूब मेहनत से करें और समर्पित रहें।
- जितना संभव हो, गरीबों और ज़रूरतमंदों की मदद करें।
- अपने मन को शांत और स्थिर रखने के लिए भक्ति करें।
- अपने विचारों, शब्दों और कार्यों को पवित्र बनाएँ।

कपट क्या कहेगा :
- झूठे वादों या बातों का इस्तेमाल करके लोगों को गुमराह करें।
- दिखावा करते हुए अपने असली इरादों को छिपाएँ।
- ईमानदारी को अनदेखा करें, चालाकी को अधिक महत्वपूर्ण समझें।
- जालसाजी और कपट का इस्तेमाल करके अपने उद्देश्यों को प्राप्त करें।

आज दिनभर आपके अंदर से कौन, क्या बोला? नीचे लिखें।

_____

_____

_____

_____

_____

१६

बालक ध्रुव का तपासन

अचल सितारे को सदा याद रखें

जैसा कि आप जान चुके हैं, उत्तानपाद आसन में इंसान काल्पनिक लोक में जीता है। ऐसे में सोचिए वह आसन बैठने में कितना सुखद होगा...। इंसान को लगता है वहीं बैठे रहें। यह सुखदायी तो है लेकिन इंसान के पूर्ण विकास में बाधा बनता है। दूसरा आसन है ध्रुवासन। जिसमें बैठना तो कष्टकारी है लेकिन यह हमें बालक ध्रुव की तरह अविचल, स्थिर बनाता है।

आइए, इसे विस्तार से जानते हैं। चित्र में एक कुर्सी दिखाई गई है। यह ऐसी कुर्सी है, जिसके दोनों तरफ बैठा जा सकता है। पीछे की तरफ भी, आगे की तरफ भी। अगर ऐसी कुर्सी दिखाई जाए तो आप किस तरफ बैठेंगे। ज़ाहिर है आप सामने की तरफ ही बैठना चाहेंगे क्योंकि वह सुंदर और आरामदायक है। यह उत्तानपाद आसन है, जो ओवर रेटेड है। दूसरी तरफ जो आसन है, वह तपासन है। टूटा-फूटा है, उस पर कोई बैठना नहीं चाहेगा। यह अंडर रेटेड है।

जैसे ही इंसान उत्तानपाद आसन में बैठता है अर्थात सुरुचि के साथ है तो आस-पास अप्सराएँ आकर खड़ी हो जाती हैं। बहुत सुकून महसूस होता है उसे। कोई पंखा झेल रही है... कोई पैर दबा रही है...। रसोई से खुशबू आ रही है... टी.वी. पर कोई फिल्म चल रही है...। अर्थात इंद्रियों के साथ इंसान बहुत सहजता से बैठ पाता है। रुचि के सहवास में रहते हुए उसे नीति की बातें पसंद नहीं आतीं।

सुरुचि का सटीक उदाहरण है- स्मार्ट फोन, जिसे कितना भी स्क्रोल करें, इंसान बोर नहीं होता। दिनभर वीडियोज़ देखते नहीं थकता। लेकिन नीति के साथ बिठा दो, ध्यान, मनन करने के लिए कहो तो उकता जाता है।

पृथ्वी पर इस तरह के लोग हुए हैं, जो सुरुचि के साथ ही पूरा जीवन बिता देते हैं। ऐसे ग्रुप्स, समुदाय, संस्कृतियाँ भी बनी हैं। जिन्होंने इसी आधार पर अपनी फिलॉसॉफी तय की है। चार्वाक संस्कृति यही मानती है।

चार्वाक का जीवन दर्शन कहता है- 'मनुष्य जब तक जीवित रहे तब तक सुखपूर्वक जीए। उधार लेकर भी घी खाए। अर्थात सुख भोग के लिए जो भी उपाय करने पड़े, उन्हें करे। दूसरों से उधार लेकर भौतिक सुख-साधन जुटाने में हिचके नहीं। परलोक, आत्मा-परमात्मा जैसी बातों की परवाह न करे। जो भी है, इस शरीर की सलामती तक ही है। उसके बाद (मृत्यु उपरांत) कुछ भी नहीं बचता। इस तथ्य को मानकर सुख भोग करो। चाहे कर्ज लेना पड़े क्योंकि मरने के बाद तुम्हें थोड़ी कर्ज़ चुकाना होगा!'

अब वह संस्कृति खतम हो गई है, फिर भी लोगों के अंदर वैसी चाहना होती है कि केवल शरीर को ही सुख देते रहें।

बालक ध्रुव को तपासन मिला था। अर्थात उसके जीवन में दिक्कतें ही दिक्कतें आईं। लेकिन उसने दिक्कतों को चुनौती करके लिया। भक्ति और तप करके उनका सामना किया। हमें भी अपने जीवन की कठिनाइयों का गाते, मुस्कुराते, जप करते हुए मुकाबला करना है। लेकिन इसके लिए चाहिए उपयुक्त समझ। नीति में रुचि। इंद्रियों में रुचि उसे भटकाती है, वहीं नीति में रुचि उससे ध्यान, ज्ञान, मनन, पठन करवाती है।

इसका एक सटीक उदाहरण देखते हैं। पुराने समय में लोग थिएटर में सिनेमा देखने जाते थे तो कभी-कभी किसी कुर्सी का कवर फटा होता था। उसमें से स्प्रिंग बाहर निकल जाती थी। अब जब उस पर बैठो तो वह चुभती थी। लेकिन इंसान

बिना कोई शिकायत किए चुपचाप बैठकर पूरी फिल्म देख लेता था। क्यों बैठ पाता था वह उस आसन पर? इसी कुर्सी पर ध्यान में बैठने को कहा होता तो क्या होता? इंसान कहता, 'मुझसे नहीं होगा, आसन ठीक नहीं है।' मगर उसे फिल्म में रुचि है। कल्पना, सुंदरता देखने में इतना रुझान है कि फटी सीट भी चुभती नहीं। फिल्म में नीति नहीं है चलेगा, रुचि हो तो इंसान बैठा रहता है। तरह तरह के फैशन, कपड़े, देश-विदेश में हुई फिल्मी शूटिंग उसे लुभाती है। इसलिए टूटे-फूटे आसन पर भी उसे कोई दिक्कत नहीं होती।

अगर यही आसन अपने आपको जानने के लिए, 'मैं कौन हूँ?' पहचानने के लिए दिया जाए तो वह चुभने लग जाता है। जो पहले नहीं चुभ रहा था, वह भी चुभने लग जाता है। ध्यान में जब लोग बैठते हैं तो जो अड़चनें नहीं हैं, वे भी आने लगती हैं। बीते कल की स्मृतियाँ, आनेवाले कल की चिंताएँ सताने लगती हैं। इसके बावजूद आपको ध्यान में बैठना है।

उत्तानपाद के उदाहरण से आपको समझ में आ रहा है कि क्या आपकी तैयारी हुई है, ऐसे आसन पर बैठने की? आप बाहर से थके हुए आए हैं और ध्यान का समय हुआ है। आप सोचते हैं थकावट में कैसे बैठें। तो समझिए, आपको थकावट के आसन पर बैठना है। यह कहते हुए-

 ना लेना, ना देना बस मगन ही है रहना,
 ना लेना, ना देना बस मगन ही है रहना...

उत्तानपाद जैसा भी रहा हो लेकिन सुनीति के साथ जो बच्चा मिला, उसे आज तक बालक ध्रुव के नाम से याद किया जाता है। आगे ध्रुव को राजगद्दी मिली और आगे एक युद्ध में राजा उत्तानपाद मारा गया। आज उत्तानपाद का नाम किसी को याद नहीं है मगर ध्रुव को आज भी लोग अचल, अटल सितारे के रूप में याद करते हैं।

अब कौन बोला?
अष्टावक्र या अष्टमाया

अष्टावक्र क्या बोलेंगे :
- जीवन में सत्य अनुभव को महत्त्व दें, चाहे वह कितना भी कठिन क्यों न लगे।
- शरीर कैसा भी हो, आपको अपना अनुभव कराता है, यह अनुभव शरीर, मन जैसा सीमित नहीं है।
- गहन अध्ययन के माध्यम से ज्ञान को बढ़ावा दें क्योंकि ज्ञान ही व्यक्ति को अधिकतम समझ और भक्ति प्रदान करता है।
- टेढ़ा मगर आनंदित शरीर यह बताता है कि सच्चा स्वास्थ्य आत्मिक स्तर पर होता है।

अष्टमाया क्या बोलेगी :
- ऐशो-आराम से जीने का नाम ही ज़िंदगी है इसलिए खूब मजे करो।
- जीवन रहते 'वर्ल्ड टूअर' तो करना ही चाहिए वरना जीकर क्या फायदा।
- दुनियाभर में इतने अलग-अलग स्वादिष्ट व्यंजन हैं, सभी एक बार तो खाकर देखना चाहिए।
- अभी पैसे नहीं है तो क्या हुआ, क्रेडिट कार्ड तो है, ये कब काम आएगा।

आज दिनभर आपके अंदर से कौन, क्या बोला? नीचे लिखें।

_____

_____

_____

_____

_____

१७

बालक ध्रुव की दृष्टि से देखें जीवन के उतार-चढ़ाव

अपने जीवन को उच्च दृष्टिकोण से देखें

एक इंसान जो अपनी ज़िंदगी जी रहा होता है, उसे कभी अच्छा तो कभी बुरा, कभी पीड़ादायक तो कभी सुखद अनुभव का एहसास होता है। कभी वह रोता है, कभी परेशान रहता है तो कभी सोचता है, 'जो हुआ अच्छा ही हुआ।'

जब बालक ध्रुव का आरंभिक जीवन देखें तब उसने भी ऐसे ही उतार-चढ़ाव महसूस किए होंगे। अपनी माँ के साथ वह सुखी था, पिता का प्रेम न मिलने से निराश था और जब सौतेली माँ ने उसका अपमान किया तो कितनी पीड़ा में था। उस समय उसे अपना जीवन कितना व्यर्थ लगा होगा। खुद को कितना बदकिस्मत समझकर कह रहा होगा, 'हे भगवान! मेरे साथ ही ऐसा क्यों हुआ, मुझसे मेरे पिता का प्रेम क्यों छीन लिया, मेरे साथ ऐसा भेदभाव क्यों?'

लेकिन यदि उसके जीवन को उच्च दृष्टिकोण से देखा जाए तो ज्ञात होगा कि वही दुःखद घटना उसके जीवन में अनोखा मोड़ ले आई, जिसने उसे संसार का परम पद दिलवा दिया। उसे जीवन का अंतिम लक्ष्य प्राप्त हुआ।

सोचिए, बालक ध्रुव को उस घटना का भविष्य में आनेवाला परिणाम पहले ही दिखाई देता तो उसका प्रतिसाद कैसा होता? क्या वह

तब भी इतना ही दुःखी होता? नहीं बल्कि खुश होता। माता सुरुचि को बार-बार धन्यवाद देता कि उनके कारण ही उसके जीवन में इतना बड़ा मौका आनेवाला है।

अगर आप महापुरुषों के जीवन चरित्र पढ़ें तो अंततः यही समझ मिलेगी कि उनके जीवन में कोई एक ऐसी घटना हुई होगी, जो उस समय बड़ी नकारात्मक और बुरी लग रही थी मगर बाद में वही वरदान साबित हुई क्योंकि उस घटना ने जोर से धक्का देकर, संभावनाओं का एक नया दरवाज़ा खोला, जो अपने आप कभी न खुलता।

रत्नावली के तानों के बाद ही तुलसीदास, भक्त शिरोमणि गोस्वामी तुलसीदास बने, जिन्हें साक्षात श्रीराम और हनुमान के दर्शन होते थे।

ऐसे ही महाकवि कालिदास पहले एक साधारण इंसान थे, जिन्हें मूर्ख समझा जाता था। कुछ विद्वानों ने राजकुमारी विद्योत्तमा से बदला लेने के लिए उनका विवाह कालिदास से बड़ी चालाकी से करवा दिया। विद्योत्तमा एक बेहद विदुषी और ज्ञानी राजकुमारी थी। जब उसे अपने पति के मूर्ख होने का पता चला तो उसने कालिदास को घर से निकाल दिया। उस समय कालिदास को बहुत पीड़ा हुई। पत्नी से अपमानित होकर, वे जंगलों में चले गए और माँ काली की घोर तपस्या की। कहते हैं, माँ काली के आशीर्वाद से ही उन्हें ज्ञान प्राप्त हुआ और वे महान कवि एवं विद्वान बने। जब वे महान रचनाकार बन चुके थे तब किसी ने कालिदास से पूछा, 'उनके गुरु कौन है?' उन्होंने कहा, 'मेरे गुरु, मेरी पत्नी विद्योतमा है' क्योंकि उसी के कारण वे सही मार्ग पर आगे बढ़ पाए।

अब आप अपने जीवन की कोई ऐसी घटना देखें, जो जब घट रही थी तब आपको लग रहा था आपके साथ कितना बुरा हुआ। इस दुःख से कैसे बाहर आएँगे लेकिन वह दुःखद घटना आपको कुछ ऐसा सिखाकर गई, जिसका लाभ आप आज भी ले रहे हैं।

राधिका एक स्कूल टीचर थी, जिसकी तनख्वाह से उसका घर चलता था। जब लॉकडाउन हुआ तो उसकी नौकरी चली गई। अब उसे समझ नहीं आ रहा था क्या करे, कैसे घर चलाए, वह बहुत परेशान थी।

फिर घर का गुज़ारा करने के लिए उसने अपनी सोसायटी के कोविड पेशंट्स को टिफिन देने शुरू किए लेकिन तब उसके पास कोई घरेलू सहायक नहीं था। उसका बनाया खाना सबको इतना पसंद आया कि सोसायटी में उसके टिफिन की

माँग बढ़ गई। नौकरी जाने के दो साल के अंदर-अंदर उसका केटरिंग का बिज़नेस इतना अच्छा चल पड़ा कि वह अपनी पुरानी नौकरी से चार गुना ज़्यादा कमाने लगी। साथ ही अपने बिज़नेस की मालिक खुद होने से उसे ज़्यादा संतुष्टि भी मिली। आज वह उस घटना को धन्यवाद देती है कि अगर उस समय उसकी नौकरी न गई होती तो उसे पता ही नहीं चलता कि उसके अंदर केटरिंग चलाने का हुनर भी छिपा है।

कहने का तात्पर्य जब लगे जीवन में बहुत दुःख आया है, बहुत बुरा समय चल रहा है तो समझ रखें कि यह घटना आपके जीवन को एक नई दिशा देने आई है। संभावनाओं का एक नया रास्ता आपका इंतजार कर रहा है। आपको बस इस समय धैर्य और सजगता के साथ सही मार्गदर्शन लेकर, सही निर्णय लेना है, सही कर्म करने हैं, इसके बाद पूरे भक्ति भाव से सब कुछ ईश्वर पर छोड़ देना है। आपका आगे का खयाल वह खुद रख लेगा।

अतः आज जो भी नकारात्मक है, उसमें कोई न कोई सकारात्मक संदेश छिपा है। बस उसे पहचानकर, उस पर काम करना है। यह एक बहुत बड़ी सीख हमें बालक ध्रुव की कहानी से मिलती है।

हर उस दुःखद घटना के लिए धन्यवाद दें

आइए, अब एक प्रयोग करते हैं। आपके भूतकाल में जो भी दुःखद घटनाएँ हुई हैं या किसी ने आपके साथ बुरा व्यवहार किया है, जिससे आपको बहुत पीड़ा हुई थी या आज भी हो रही है, उन्हें याद कर, उनके प्रति आभार प्रकट करें क्योंकि या तो उनके कारण आपके जीवन में कोई अच्छा बदलाव आया है और अगर नहीं आया है तो आगे आ जाएगा।

हो सकता है, उस घटना ने आपको और ज़्यादा ज़िम्मेदार बनाया हो, आपसे अपनी आदतों पर काम करवाया हो, आपको और ज़्यादा जागृत बनाया हो। ध्यान से मनन करेंगे तो कुछ न कुछ सकारात्मक मिलेगा ही मिलेगा।

आगे जब भी कुछ ऐसा घटित हो, जो मन को अच्छा न लगे, दुःख हो तो तुरंत धन्यवाद देकर कहें, 'हे ईश्वर, मैं तुम्हारी ओर से भेजी गई इस घटना में छिपी सकारात्मकता और संभावना के लिए ग्रहणशील हूँ। कृपया मेरा मार्गदर्शन करें, मुझे सही राह दिखाएँ ताकि मैं इस घटना का पूरा-पूरा उपयोग कर सकूँ। आपकी कृपाओं के लिए बहुत-बहुत धन्यवाद।'

जो लोग विपरीत परिस्थितियों का सामना इस भाव से करते हैं, वे हर परिस्थिति में प्रसन्न और सकारात्मक रहते हैं।

दूसरे की नकारात्मकता हमें प्रभावित न करें

रमेश की ऊँचाई कम थी। उसके पैरों में फर्क भी था, जिस वजह से वह थोड़ा लंगड़ाकर चलता था। स्कूल-कॉलेज में लोग उसका मज़ाक उड़ाते थे, उसे नाम भी रखे हुए थे 'लंगड़ू' और उस नाम से बुलाकर उसे चिढ़ाते थे। इस बात से वह बहुत आहत रहता था।

एक दिन उसके कॉलेज में एक प्रोफेसर आए, जो शारीरिक रूप से विकलांग थे। कुछ बच्चे उनका भी मज़ाक उड़ाते मगर वे हँसकर आगे बढ़ जाते।

एक दिन रमेश ने उनसे पूछ ही लिया, 'सर क्या आपको ऐसी बातों का बुरा नहीं लगता?' वे बोले, 'बुरा लगता है मगर अपने लिए नहीं, उनके लिए जिन्हें ज्ञान, समझ नहीं है। यह उनकी कमी है, मेरी नहीं। मैं जो हूँ, जैसा हूँ, खुद को पसंद करता हूँ। ईश्वर ने जो शरीर दिया है, उसे स्वीकार करता हूँ और इस शरीर को धन्यवाद भी देता हूँ। इसकी वजह से आज मैं जीवन में कुछ कर पाया, इतने बड़े कॉलेज का प्रोफेसर बन पाया। मुझमें इतना आत्मविश्वास और आत्मबल है कि किसी की नकारात्मक बातों का मुझ पर कोई असर नहीं होता।'

बात सही है। दुनियावालों के मुँह बंद नहीं हो सकते। हर कोई अपनी समझ अनुसार बातें करता है। यह हमारे हाथ में है कि हम सामनेवाले की किस बात को दिल से लगाएँ और किस बात को नहीं। हमारा अपना रिमोट कंट्रोल हमारे हाथ में होना चाहिए, किसी दूसरे के हाथ में नहीं! इसलिए खुद पर विश्वास रखें, स्वयं का मूल्य परखें। अगर आप खुद अपना आदर करेंगे तो किसी के ताने, निंदा या आलोचना का आप पर कोई प्रभाव नहीं पड़ेगा। दुःखद घटना से सिर्फ सकारात्मकता का पार्सल लें, नकारात्मकता वहीं छोड़ दें।

ऐसी बहुत सी अनमोल शिक्षाएँ, हमें बालक ध्रुव की कहानी से मिलती हैं। आइए, अब आगे की कहानी की ओर बढ़ते हैं, बालक ध्रुव दुःख में कौन सा कदम उठाता है।

अब कौन बोला?
संत नामदेव या कामदेव

संत नामदेव क्या बोलेंगे :
- जिस प्रकार पानी सागर में मिलकर उसी में समा जाता है, उसी तरह आप भक्ति में रमकर, ईश्वर में समा जाएँ।
- ईश्वर आप तक मदद पहुँचा पाए, इसके लिए अपने आस-पास के चैनलों को पहचानें और उन्हें खुला रखें।
- अपने अहंकार का दर्शन करने से न घबराएँ।
- सबको प्यार करें और दया के साथ जीवन जीएँ क्योंकि हम सभी एक ही परिवार के हैं।

कामदेव क्या बोलेगा:
- इच्छा पूर्ति के लिए ही मनुष्य जन्म मिला है इसलिए कोई इच्छा अधूरी न छोड़ें।
- मायावी दुनिया में टिके रहने के लिए माया का साथ देना अनिवार्य है।
- सत्य से ज्यादा अपना स्वार्थ सिद्ध करने पर लक्ष्य देंगे तो ही संसार में निभाह पाएँगे।

आज दिनभर आपके अंदर से कौन, क्या बोला? नीचे लिखें।

_____

_____

_____

_____

_____

१८

समस्त सृष्टि- ईश्वर का संगीत

ईश्वर का उच्चतम आविष्कार

ईश्वर कृपा से गुरु मिलते हैं और गुरुकृपा से ईश्वर मगर मनुष्य जन्म मिलना, उसमें ईश्वर प्राप्ति की प्यास जगना, वह प्यास बुझाने के लिए ज्ञानानुभव प्रदान करनेवाले गुरु मिलना और गुरुकृपा से ईश्वर को पाना, ये सारी यात्रा बहुत ही रहस्यमय है।

यह जीवन यात्रा और उसमें छिपे राज़ ईश्वर का संगीत है। जिसमें शामिल हैं, पृथ्वी पर उपस्थित सारे शरीर।

जैसे हार्मोनियम की अलग-अलग चाभियाँ दबाकर मधुर सुर उत्पन्न किए जाते हैं, वैसे ही ईश्वर मनुष्यदेह में निर्मित भावनाओं के द्वारा जीवन संगीत प्रकट करता है। अर्थात जन्म-मृत्यु, सुख-दुःख, मिलना-बिछड़ना, सफलता-असफलता, कलयुग-सत्युग, समय चक्र ये सब कुछ ईश्वर का ही संगीत है।

जैसे अनेक सुरों से लाजवाब संगीत बना, वैसे ही अलग-अलग चेतना के स्तर साकार होकर संपूर्ण सजीव सृष्टि बनी। उसमें मनुष्य का निर्माण ईश्वर का उच्चतम आविष्कार है। ईश्वर ने अपनी सारी की सारी संभावनाओं को एक साथ खोलने हेतु मनुष्य का निर्माण किया। तथा देव-दैत्य, स्वर्ग-नर्क, आकाश-पाताल इत्यादि संकल्पनाओं को मनुष्य के सम्मुख रखा।

कहा जाता है कि सतयुग में देव आकाश में विराजमान थे और राक्षस पाताल में। दोनों (देवी-देवताओं जैसे अच्छे और राक्षस-असुरों जैसे बुरे) गुणों से मिश्रित संभावनाओं को धारण कर, मनुष्य पृथ्वी पर रहते थे। मगर कुछ कालावधि उपरांत राक्षसों ने पृथ्वी पर अवतार लेना शुरू किया। चूँकि ब्रह्माण्ड संतुलन का नियम बड़ी वफादारी से निभाता है, सो देवताओं को भी पृथ्वी पर अवतार लेना पड़ा।

जैसे कि रावण ने अवतार लिया तो प्रभु श्रीराम को भी पृथ्वी पर आना पड़ा। फिर ऐसा युग आया, जहाँ एक ही कुल में देवता और राक्षस ने जन्म लिया। पांडव और कौरव का त्रेतायुग में होना, यही दर्शाता है। उसके बाद जो कलयुग आया, वहाँ देवता और राक्षस दोनों एक ही शरीर में रह रहे हैं।

अगर यह युगों का आना संगीत में छिपा आलाप-विलाप है तो अब सत्युग का आना भी स्वाभाविक है। सृष्टिचक्र में बने इन युगों का होना ही उस महागायक (सत्य) का महासंगीत (लीला) है।

ऐसे में राम और रावण, कृष्ण और कंस, सुर-असुर, देव-दैत्य आदि निमित्त मात्र हैं, जो ईश्वर का सृष्टिरूपी संगीत गा रहे हैं।

बालक ध्रुव के जीवन में भी सभी पात्र अपनी-अपनी भूमिका निभा रहे हैं, जिससे भक्ति का अनमोल संगीत प्रकट होने में मदद हो रही है। उसमें न कोई अच्छा है, न कोई बुरा।

ऐसे में आध्यात्मिक अभ्यास करनेवाले विद्यार्थी को लग सकता है कि 'अगर बुराई भी ईश्वर ही बनाता है तो फिर ईश्वर को प्राप्त करने का क्या मतलब?' यही तो मूल बात समझनी है, जो बालक ध्रुव की भक्ति से संदेश दे रही है। हम इस संसार में अपना पात्र निभाते-निभाते यह भूल ही गए हैं कि संपूर्ण सृष्टि ईश्वर की आनंदलीला है और हम निमित्त मात्र हैं। इसलिए हम खुद की रुचि को चुनकर, नीति को दूर रखते हैं। अगर हम भक्ति में समर्पित होकर, ईश्वर के संकेतों को जान पाते तो हमेशा के लिए सहजम (सहज भाव) में रह पाते। अंततः हमें हर एक अनुभव को 'न अच्छा, न बुरा', 'न फायदेमंद, न नुकसानदेह' ऐसे देखने की कला आ जाएगी। हम ईश्वर के साथ मिलन करने के पात्र बनेंगे तो होगा परिपूर्ण परम अनुभव।

अर्थात न अच्छाई से कुछ लेना, न बुराई को कुछ देना। बस स्वअनुभव में स्थिर रहना आ गया तो यही भक्ति कहलाएगी। इसलिए अंतर्मन में गुनगुनाते रहना है-

'ना लेना, ना देना
बस मगन ही रहना।'

सिर्फ मगन रहने में आनंद लेना आ गया तो कर्ताभाव, फल की इच्छा, तोलूमन आदि अपने आप गायब होंगे और बालक ध्रुव जैसी अटल भक्ति का अनमोल खज़ाना अपने आप उजागर होगा। जब ईश्वर ही अमर्याद है तो भक्ति भी अखंड और अटल होनी चाहिए। वरना दोनों तरफ से प्यास नहीं रहेगी। फिर दोनों के मिलन का संतुष्टिभरा आनंद भी अधूरा सा लगेगा। जब हम परिपूर्ण बनेंगे तो गहरा मौन, बेशर्त आनंद और सहज स्वीकारभाव हमारे गहने बन जाएँगे, जिसे कोई कभी न उतार सकेगा, न जिसकी कभी चोरी हो सकेगी।

ऐसे स्वअनुभव में स्थापित हुए अवतार का पृथ्वी पर होना ही संपूर्ण पृथ्वी की सेवा है। ऐसे अवतरण को देखने मात्र से भी आजू-बाजू के शरीरों में मनन-मोती और भक्ति की ज्योति चमक उठती है। यही है मोक्ष का दरवाज़ा, जिससे गुज़रकर भगवान बुद्ध, भगवान महावीर, श्रीकृष्ण, ज़ीजस आदि ब्रह्माण्ड में स्थितप्रज्ञ हुए।

ध्रुव भी बालक से ध्रुवतारा और पिता की गोद से ब्रह्माण्ड की गोद में अटल बन गया। सिर्फ भक्ति के होने से शाप-वरदान बन सकते हैं, साँप-सीढ़ी का काम कर सकता है। इन सारी संभावनाओं को आश्चर्य की आँख से प्रत्यक्ष होते हुए देखने के लिए अपना ध्यान माया से हटाकर, सत्य पर लगाना है और वह ध्यान टिकाए रखने के लिए मन को आज्ञा देनी है कि तुम सदैव यह गीत गुनगुनाओ-

'ना लेना, ना देना
बस मगन ही रहना।'

अब कौन बोला? कबीरदास या कल्पनादास

संत कबीरदास क्या बोलेंगे :
- ईश्वर ने जैसा शरीर, मन हमें दिया है, वैसा ही शरीर, मन ईश्वर को वापस लौटाएँ, बिना दाग के निर्मल।
- गलत संस्कार मिटाने की अत्यावश्यकता निर्माण हो।
- ईश्वर की शरण में जाओगे, गुरु द्वारा सत्य के ज्ञान का श्रवण करोगे तो माया की चक्की में पिसने से बच जाओगे।
- 'पाथर पूजे प्रभु मिले तो मैं पूजूँ पहाड़' अर्थात 'पत्थर पूजने से प्रभु मिल जाएगा तो मैं क्यों न पहाड़ पूजूँ।'

कल्पनादास शेखचिल्ली क्या बोलेगा :
- कल्पना में रमना कितना सुकून देता है, भले वह झूठ है मगर कुछ देर के लिए तो सच भासित होता है।
- काम करके उतना आनंद नहीं मिलता, जितना कल्पना करने से मिलता है।
- कल्पना करके पूरी दुनिया घूमकर आने में हर्ज ही क्या है।
- कल्पना से जो चाहो, वह पाने का आनंद लिया जा सकता है।

आज दिनभर आपके अंदर से कौन, क्या बोला? नीचे लिखें।

_____

_____

_____

— • —

आप सरश्री द्वारा रचित अन्य भक्तों की जीवनी का भी लाभ ले सकते हैं। जैसे संत ज्ञानेश्वर, संत रविदास, तीन संन्यासी, चैतन्य महाप्रभु, संत तुलसीदास, महान भक्त शबरी, महाराष्ट्र के तीन महा संत, भगवान बुद्ध, भगवान महावीर, संत मीरा, सद्गुरु नानक, रामकृष्ण परमहंस आदि।

परिशिष्ट

बाल सुपर स्टार्स

जब आपको जीवन में भक्ति की भूमिका और उसकी शक्ति समझ में आएगी तब आप स्वयं को माया में भी सँभाल पाएँगे।

भारतीय 13 बाल सुपर स्टार्स

India's famous 13 child prodigy

१. कौटिल्य पंडित

कौटिल्य पंडित भारत में अपनी बुद्धिमत्ता के लिए जाने जाते हैं, जो 'कौन बनेगा करोड़पति' में उपस्थित हुए और युवा विशेषज्ञ के रूप में इतिहास बनाया। जनवरी २०२१ में उन्होंने ग्लोबल चाइल्ड प्रोडिजी पुरस्कार जीता।

२. रमेशबाबू प्रज्ञानंदा

रमेशबाबू प्रज्ञानंदा एक भारतीय शतरंज खिलाड़ी हैं। जिन्होंने ग्रैंडमास्टर का खिताब प्राप्त किया है। उन्होंने २०१३ में ७ साल की आयु में विश्व युवा शतरंज चैम्पियनशिप्स के अंडर-८ खिताब और २०१५ में अंडर-१० खिताब जीता। वे १० वर्ष की आयु में इतिहास में सबसे युवा अंतरराष्ट्रीय मास्टर बन गए।

३. लिडियन नादस्वरम

लिडियन नादस्वरम एक भारतीय संगीतकार हैं, जिन्होंने 'द वर्ल्डस् बेस्ट ऑन सी.बी.एस.' जीता। उन्होंने २ साल की आयु में ड्रम्स पर प्रदर्शन करना शुरू किया और ८ साल की आयु में अपने आपसे पियानो सीखा। वे 'बारोजः डी' गामा के खज़ाने के गार्डियन के लिए

फिल्म संगीतकार भी रहे, जो कि एक मलयालम फिल्म थी।

४. निहाल राज

निहाल राज, जिन्हें छोटे शेफ किचा के नाम से जाना जाता है। वे एक साधारण छात्र हैं, जिनके पास असाधारण प्रतिभा है। उनकी रचना 'मिकी माउस मैंगो आइसक्रीम' थी। जब उन्होंने इस रचना को अपने यू-ट्यूब चैनल पर अपलोड किया तो उसने लोगों का ध्यान खींच लिया।

५. अद्वैत कोलारकर

अद्वैत कोलारकर दुनिया के सबसे छोटे बालक चित्रकारों में से एक हैं और ग्लोबल प्रोडिजी पुरस्कार के धारक हैं। उन्होंने दो साल की आयु में कैनडा के सेंट जॉन आर्ट्स सेंटर में एक व्यक्तिगत प्रदर्शनी का आयोजन किया। अब तक उनके तकरीबन ५० चित्र बिक चुके हैं।

६. मास्टर तृप्तराज पंड्या

तृप्तराज पंड्या ने दो साल की आयु में तबला बजाना शुरू किया। उनका पहला सार्वजनिक प्रदर्शन मुंबई के सोमैया कॉलेज में दो साल की उम्र में हुआ था। तीन साल की आयु में उन्हें ऑल इंडिया रेडियो पर तबला बजाने का मौका मिला और चार साल की उम्र में उन्होंने दूरदर्शन के लिए तबला बजाया।

७. परी सिन्हा

परी सिन्हा चार साल की आयु में शतरंज की मास्टर बनी। उन्होंने बिहार राज्य में सबसे युवा शतरंज खिलाड़ी बनने का गौरव हासिल किया और पूर्वी बिहार राज्य में ओपन चेस चैम्पियनशिप में भाग लेने के लिए सबसे युवा खिलाड़ी बन गई। उन्होंने अंडर-७ श्रेणी में तीसरा स्थान प्राप्त किया।

८. प्रियांशी सोमानी

प्रियांशी सोमानी छह साल की आयु में मानसिक गणित का अभ्यास करने लगीं और भारत में अबॅकस और मानसिक गणित प्रतियोगिताओं में राष्ट्रीय चैम्पियन बन गई। २००७ में वे अंतरराष्ट्रीय स्तर पर जाकर अबॅकस में चैम्पियन बनी।

९. भूपाथिराजु तनिष्का

भूपाथिराजु तनिष्का ने २०१८ में एक राष्ट्रीय स्तरीय धनुर्धारी प्रतियोगिता में

उम्र के ९ वर्ष से कम वर्ग में स्वर्ण पदक जीतकर राष्ट्रीय रिकॉर्ड बनाया।

१०. अक्रित जसवाल

सात साल की आयु में जसवाल ने एक आठ साल की लड़की की सर्जरी की, जिसके परिवार के पास सर्जरी का खर्च नहीं था। लड़की की उँगलियाँ जलने के बाद एक साथ जुड़ गई थीं। उसके सफल ऑपरेशन के बाद जसवाल तत्काल भारत के 'पहले बाल शल्यचिकित्सक' के रूप में मशहूर हो गए।

११. शुभम बैनर्जी

१३ साल की आयु में शुभम ने एक कंपनी 'ब्राइगो लैब्स' शुरू की, जिसने अंधों के लिए ब्रेल छापने हेतु कम लागतवाली मशीनों का विकास किया।

१२. रबींद्रनाथ टैगोर

भारत के प्रसिद्ध अद्भुत गुणवाले बालकों में से एक रबींद्रनाथ टैगोर। उन्होंने अपनी पहली कविता ८ वर्ष की आयु में लिखी और १६ वर्ष की आयु तक उन्होंने कई लघुकथाएँ लिखीं।

१३. श्रीनिवास रामानुजन

एक प्राकृतिक गणित विद्वान श्रीनिवास रामानुजन ने ११ वर्ष की आयु में कॉलेज स्तर की गणित पूरी की। उन्होंने संख्या सिद्धांत बर्नूली संख्याएँ, अनंत श्रृंखला और यूलर की पहचान पर काम किया। उन्होंने अनगिनत फार्मूलों की खोज की, जो शोध में व्यापक रूप से प्रयोग की गईं।

विश्व प्रसिद्ध 8 बाल सुपर स्टार्स
World's famous 8 child prodigy

१. ब्लेज पास्कल

फ्रांस के ओवर्न इलाके में जन्मे ब्लेज पास्कल ने केवल १६ वर्ष की आयु में एक सिद्धांत लिखा मगर उनका पहला सिद्धांत ११ वर्ष की आयु में लिखा गया था। उन्होंने उसे पास्कल सिद्धांत का रूप दिया और गणित, भौतिकी, दर्शन जैसे क्षेत्रों में अपने योगदानों के लिए कई श्रेय प्राप्त किए।

२. वोल्फगैंग अमाडेस मोजार्ट

मोजार्ट जब ४-५ साल के थे तब उन्होंने अपनी पहली संगीत रचना बनाई थी। उन्होंने तीन साल की आयु में हार्प्सीकोर्ड ('की' बोर्ड वाद्ययंत्र) बजाना शुरू किया। आठ साल की आयु में अपना पहला सिम्फनी और बारह साल की आयु में पहला ऑपरा लिखा। पाँच साल की आयु में उन्होंने साल्जबर्ग विश्वविद्यालय में पियानो प्रदर्शन दिया।

३. कार्ल फ्रेडरिक गॉस

१९वीं सदी के महान गणितज्ञों में से एक कार्ल फ्रेडरिक गॉस, मात्र ३ साल की आयु में १०० संख्याओं को जोड़ने की क्षमता पाई थी। बीजगणित, चुंबकीय सिद्धांत, खगोलशास्त्र और भौतिकी क्षेत्र में

उन्होंने महत्वपूर्ण योगदान दिया; अब उनका नाम एक चुंबकीय इकाई के रूप में है।

४. पाब्लो पिकासो

दुनिया के सबसे प्रसिद्ध चित्रकारों में से एक पाब्लो पिकासो कलात्मक दिग्गज थे। उनका प्रसिद्ध चित्र 'ले पिकाडोर' उन्होंने ९ साल की आयु में बनाया था और १४ साल की आयु में वे प्रशंसा प्राप्त करने लगे।

५. जॉन वॉन न्यूमैन

हंगरी में जन्मे जॉन वॉन न्यूमैन, ६ वर्ष की आयु में मानसिक रूप से आठ संख्याएँ भाग करने की क्षमता पाई थी। साथ ही उन्होंने कैल्कुलस सिद्धांत को सीख लिया था। क्वाँटम सिद्धांत, गेम सिद्धांत, कार्यात्मक विश्लेषण, अर्थशास्त्र, ज्यौमेट्री, कम्प्यूटर, हाइड्रो डायनामिक्स, सांख्यिकी और कई अन्य क्षेत्रों में उनका विशाल योगदान रहा।

६. ओस्कर शम्स्की

एक विशेषज्ञ वायलिन वादक ओस्कर शम्स्की ने ३ साल की आयु में वायलिन बजाना सीखा। ७ साल की आयु में उन्होंने फिलाडेल्फिया ऑर्केस्ट्रा में डेब्यू किया और लियोपोल्ड स्टोकोव्स्की से 'आउटस्टैण्डिंग जीनीयस' की उपाधि प्राप्त की।

७. बॉबी फिशर

अमेरिका में जन्मे बॉबी फिशर १५ साल की आयु में इतिहास में सबसे युवा चेस ग्रैंडमास्टर बने। १४ साल की आयु में उन्होंने पहली बार संयुक्त राज्य चेस चैम्पियनशिप प्रतियोगिता में भाग लिया और अपने करियर में एक-पॉइंट मार्जिन से आठ शीर्षकों को जीता। १९७२ में बॉबी फिशर को ग्यारहवें विश्व चेस चैम्पियन बनाया गया।

८. क्लिओपेट्रा स्ट्रेटन

क्लिओपेट्रा का अल्बम 'ला वार्सा डे ट्रे आनी' तब रिलीज हुआ, जब वे केवल ३ साल की थीं। वे ऐसी सबसे युवा गायिका हैं, जिन्होंने एक बड़े दर्शक समूह के सामने दो घंटे की लाइव स्टेज प्रस्तुति दी। वे एम टी.वी. पुरस्कार जीतनेवाली सबसे युवा कलाकार भी हैं।

सरश्री द्वारा लिए जानेवाले आध्यात्मिक सत्रों में प्रवेश पाने के लिए

प्रिय जिज्ञासु पाठक,

हमें आशा है कि यह ग्रंथ आपको पसंद आया होगा और आपकी जीवन यात्रा में आध्यात्मिक लक्ष्य प्राप्ति के लिए लाभदायक सिद्ध होगा। इसे पढ़ने के बाद यदि आप तेजज्ञान फाउण्डेशन के प्रणेता (संस्थापक) सरश्री के आध्यात्मिक सत्र में भाग लेने के लिए इच्छुक हैं या किसी आध्यात्मिक प्रश्न (समस्या) का समाधान चाहते हैं तो यह अवसर आपके लिए उपलब्ध हो सकता है।

इसके लिए निम्नलिखित पुस्तकें पढ़कर, नीचे दिए हुए फोन नंबर्स पर संपर्क करें। ये पुस्तकें हिंदी, मराठी, अंग्रेजी आदि भाषाओं में और 'ई' बुक के रूप में भी उपलब्ध हैं।

१. विचार नियम

२. मौन नियम

३. ईश्वर ही है तुम कौन हो यह पता करो, पक्का करो

४. मोक्ष पथ रहस्य

५. स्वबोध दर्शन

उपरोक्त ग्रंथ पढ़ने के बाद, आप सरश्री द्वारा लिए जानेवाले आध्यात्मिक सत्र में भाग लेने हेतु दर्शनकक्ष विभाग में इन फोन नंबर्स पर संपर्क कर सकते हैं- 9011013201, 9921008083 (Time - 12.00 pm to 5.00 pm) या ईमेल करें- books.feedback@tejgyan.org

इसके अतिरिक्त सरश्री द्वारा प्रत्यक्ष लिए जानेवाले सत्य संदेशों का अवसर, तेजज्ञान फाउण्डेशन द्वारा आयोजित 'महाआसानी परमज्ञान शिविर' का लाभ लेने के बाद भी मिल सकता है।

आपकी आनंदमय जीवन यात्रा के लिए शुभेच्छा, हैपी थॉट्स!

आध्यात्मिक सत्र फॉर्म

पूरा नाम : उम्र :

लिंग : स्त्री ☐ / पुरुष ☐ शिक्षण :

पूरा पता : ______________________________

____

आजीविका क्षेत्र : नौकरी ☐ / व्यवसाय ☐ / अन्य

मोबाईल : वॉटसऐप नं. :

ई-मेल :

आपसे फोन पर संपर्क के लिए सुविधाजनक समय :

1. क्या आपने अपने जीवन का कोई आध्यात्मिक लक्ष्य तय किया है?

   हाँ ☐ / ना ☐

   यदि हाँ तो कौन सा?

2. क्या आप अध्यात्म में किसी विशेष विषय पर मार्गदर्शन चाहते हैं?

   ज्ञान ☐/ ध्यान ☐/ कर्म ☐/ धर्म ☐/ भक्ति ☐/ सेवा ☐/ अन्य

3. कम से कम शब्दों में अपनी आज की अवस्था का वर्णन करें।

   ____

   ____

   ____

   ____

4. प्रस्तुत पुस्तकें पढ़कर आपमें क्या परिवर्तन हुए? कृपया मनन कर लिखें।

____

____

____

____

5. आप सरश्री से किस कारण मिलना चाहते हैं? जिज्ञासावश ☐ / जीवन में मार्गदर्शन पाने हेतु ☐ /अपनी आध्यात्मिक खोज को पूर्णता देने हेतु ☐

नियम :

1. कृपया फॉर्म कपटमुक्त होकर, साफ सुथरे अक्षरों में भरें।
2. फॉर्म आप अपनी भाषा में भर सकते हैं (उदा. हिंदी, अंग्रेजी, मराठी, गुजराती इत्यादि)।
3. फॉर्म भरने के बाद आपको ७ से १० दिनों में अगली सूचना मिल जाएगी।
4. किसी कारणवश टेक्नीकल दिक्कतों के कारण यदि आप तक सूचना न पहुँची तो दोबारा इन नंबर्स पर संपर्क करें- 9011013201, 9921008083.
   Time - 12.00 pm to 5.00 pm) या ईमेल करें -
   books.feedback@tejgyan.org

(**डिस्क्लेमर** : सरश्री द्वारा प्रत्यक्ष लिए जानेवाले आध्यात्मिक सत्र (Live session) में प्रवेश देने का अधिकार पूर्ण रूप से दर्शनकक्ष विभाग, तेजज्ञान फाउण्डेशन के पास सुरक्षित रहेगा)

हस्ताक्षर

यह ग्रंथ पढ़ने के बाद आप अपना अभिप्राय (विचार सेवा) इस Mail ID पर भेज सकते हैं ... books.feedback@tejgyan.org

SECTION - 1   STARTING YOUR JOURNEY

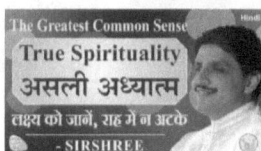    

असली अध्यात्म

जीवन दर्शन और मान्यताएँ

जीवन दर्शन और मान्यताएँ

महाशक्तिशाली सवेरा वाक्य

मूर्तिपूजा करें या ना करें

विश्व में पहली बार सिस्टमैटिक तरीके से आध्यात्मिक ज्ञान को दिए गए क्रम में सुनकर, सिस्टम फॉर विज़डम (तेजज्ञान) का लाभ लें।

SECTION - 2   OVERCOMING NEGATIVE EMOTIONS

बुरा लगे तो क्या करें

चिंता और तनाव से मुक्ति के लिए

दुःख मिटाएँ या दुःखी

डिप्रेशन को करें बाय-बाय

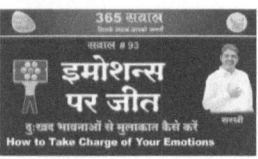 

क्रोध और भय का सामना

इमोशन्स पर जीत

भक्तों की दुनिया का अचल तारा | 121

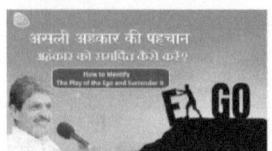

12

असली अहंकार की पहचान

14

प्रार्थना कैसे करें?

13

7 स्टेप्स फॉर हेड, हार्ट, हार्मनी

15

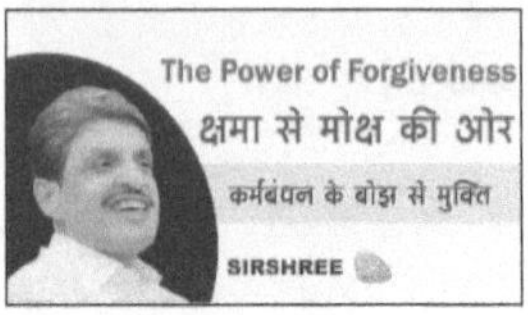

क्षमा से मोक्ष की ओर

SECTION - 3 DEEP UNDERSTANDING OF LIFE

16

मृत्यु उपरांत जीवन

18

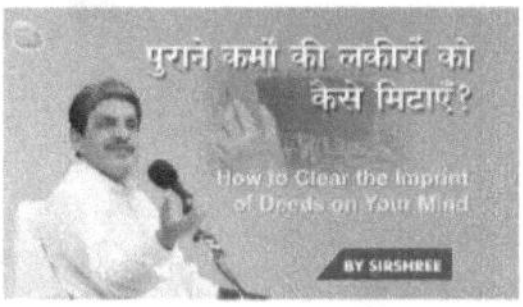

पुरोन कर्मों की लकीरों को कैसे मिटाएँ?

17

कर्म/प्रेम का कानून

19

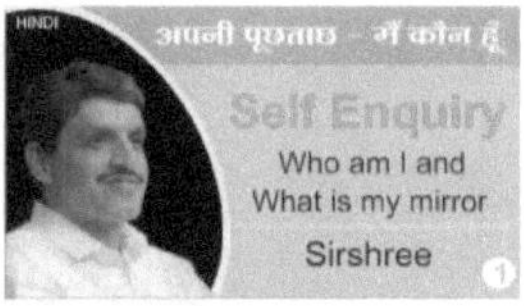

मैं कौन हूँ

SECTION - 4 PRACTICAL ACTION PLAN

20

स्वीकार का जादू

22

असली खुशी पाने के दस कदम

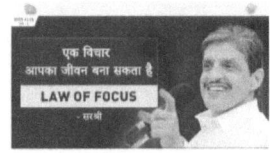

21

उम्मीद की शक्ति

23

लॉ ऑफ फोकस

24

दुःख में खुश क्यों और कैसे रहे?

25

खुद को खुद से बेहतर कैसे बनाएँ

26

दुश्मन से लो
ऐसे काम ताकि

दुश्मन से लो ऐसे काम ताकि

27

मेरी आदतों का शोर और चोर

SECTION - 5 MIND TRAINING FOR PEACE AND TRUE SUCCESS

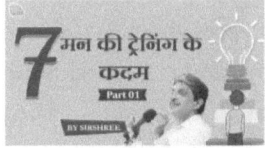

28

मन की ट्रेनिंग के 7 कदम -1

29

मन की ट्रेनिंग के 7 कदम -2

30

मैं हूँ ध्यान

31

विश्व शांति
प्रार्थना

विश्व शांति प्रार्थना

32

तेजज्ञान परिचय

COMMUNITY CONNECT

YouTube channels

Sirshree Tejgyan	Happy Thoughts Tejgyan	Youth Win Energy Happy Thoughts	Happy Thoughts Param Gyan	Happy Thoughts english

सरश्री - अल्प परिचय

स्वीकार मुद्रा

सरश्री की आध्यात्मिक खोज का सफर उनके बचपन से प्रारंभ हो गया था। इस खोज के दौरान उन्होंने अनेक प्रकार की पुस्तकों का अध्ययन किया। अपने आध्यात्मिक अनुसंधान के दौरान उन्होंने लगभग सभी ध्यान पद्धतियों का भी अभ्यास किया। उनकी इसी खोज ने उन्हें कई वैचारिक और शैक्षणिक संस्थानों की ओर बढ़ाया। जीवन का रहस्य समझने के लिए उन्होंने **एक लंबी अवधि तक मनन करते हुए अपनी खोज जारी रखी, जिसके अंत में उन्हें आत्मबोध प्राप्त हुआ। आत्मसाक्षात्कार के बाद उन्होंने जाना कि अध्यात्म का हर मार्ग जिस कड़ी से जुड़ा है वह है– समझ (अंडरस्टैण्डिंग)।** उसके बाद उन्होंने अपने तत्कालीन अध्यापन कार्य को विराम लगाते हुए, लगभग दो दशकों से भी अधिक समय अपना समस्त जीवन मानवजाति के कल्याण और उसके आध्यात्मिक विकास हेतु अर्पण किया है।

सरश्री कहते हैं, 'सत्य के सभी मार्गों की शुरुआत अलग-अलग प्रकार से होती है लेकिन सभी के अंत में एक ही समझ प्राप्त होती है। **'समझ' ही सब कुछ है और यह 'समझ' अपने आपमें पूर्ण है।** आध्यात्मिक ज्ञान प्राप्ति के लिए इस 'समझ' का श्रवण ही पर्याप्त है।' इसी समझ को उजागर करने के लिए उन्होंने आज तक **चार हज़ार से अधिक आध्यात्मिक विषयों पर प्रवचन दिए हैं,** जिनके द्वारा वे अध्यात्म की गहरी संकल्पनाएँ सीधे और व्यावहारिक रूप में समझाते हैं। समाज के हर स्तर का इंसान सरश्री द्वारा बताई जा रही समझ का लाभ ले सकता है, इसके लिए किसी भी धर्म, जाति, उपजाति, वर्ण, पंथ, रंग या लिंग का बंधन नहीं है। विश्व के हर कोने में बसे लोग आज तेजज्ञान का लाभ ले रहे हैं। इस व्यवस्था के एक हिस्से के रूप में लाखों लोग रोज़ सुबह और रात को ९ बजकर ९ मिनट पर विश्व शांति के लिए प्रार्थना करते हैं।

सरश्री – अल्प परिचय

सरश्री तेजज्ञान यूट्यूब चैनल

तेजज्ञान फाउण्डेशन - परिचय

तेजज्ञान फाउण्डेशन आत्मविकास से आत्मसाक्षात्कार प्राप्त करने का एक रास्ता है। इसके लिए सरश्री द्वारा एक अनूठी बोध पद्धति (System for Wisdom) का सृजन हुआ है। इस पद्धति को अन्तर्राष्ट्रीय मानक ISO 9001:2015 के आवश्यकताओं एवं निर्देशों के अनुरूप ढालकर सरल, व्यावहारिक एवं प्रभावी बनाया गया है।

इस संस्था की बोध पद्धति के विभिन्न पहलुओं (शिक्षण, निरीक्षण व गुणवत्ता) को स्वतंत्र गुणवत्ता परीक्षकों (Quality Auditors) द्वारा क्रमबद्ध तरीके से जाँचा गया। जिसके बाद इन पहलुओं को ISO 9001:2015 के अनुरूप पाकर, इस बोध पद्धति को प्रमाणित किया गया है।

फाउण्डेशन का लक्ष्य आपको नकारात्मक विचार से सकारात्मक विचार की ओर बढ़ाना है। सकारात्मक विचार से शुभ विचार यानी हॅपी थॉट्स (विधायक आनंदपूर्ण विचार) और शुभ विचार से निर्विचार की ओर बढ़ा जा सकता है। निर्विचार से ही आत्मसाक्षात्कार संभव है। शुभ विचार (Happy Thoughts) यानी यह विचार कि 'मैं हर विचार से मुक्त हो जाऊँ।' शुभ इच्छा यानी यह इच्छा कि 'मैं हर इच्छा से मुक्त हो जाऊँ।'

यदि आप ऐसा ज्ञान चाहते हैं, जो सामान्य ज्ञान के परे हो, जो हर समस्या का समाधान हो, जो सभी मान्यताओं से आपको मुक्त करे, जो आपको ईश्वर का साक्षात्कार कराए, जो आपको सत्य पर स्थापित करे तो समय आ गया है तेजज्ञान को जानने का। समय आ गया है शब्दोंवाले सामान्य ज्ञान से उठकर तेजज्ञान का अनुभव करने का।

तेजज्ञान फाउण्डेशन – परिचय

हॅपी थॉट्स तेजज्ञान यूटयूब चैनल

महाआसमानी - अल्प परिचय

Self Delelopment to Self Realization
Towords Self Stabilizaion

क्या आपको उच्चतम आनंद पाने की इच्छा है? ऐसा आनंद, जो किसी कारण पर निर्भर नहीं है, जिसमें समय के साथ केवल बढ़ोतरी ही होती है? क्या आप इसी जीवन में प्रेम, विश्वास, शांति, समृद्धि और परमसंतुष्टि पाना चाहते हैं? क्या आप शारीरिक, मानसिक, सामाजिक, आर्थिक और आध्यात्मिक इन सभी स्तरों पर सफलता हासिल करना चाहते हैं? क्या आप 'मैं कौन हूँ' इस सवाल का जवाब अनुभव से जानना चाहते हैं?

यदि आपके अंदर इन सवालों के जवाब जानने और 'अंतिम सत्य' पाने की प्यास जगी है तो तेजज्ञान फाउण्डेशन द्वारा आयोजित 'महाआसमानी परम ज्ञान शिविर' में आपका स्वागत है। यह शिविर पूर्णतः सरश्री की शिक्षाओं पर आधारित है।

महाआसमानी परम ज्ञान शिविर का उद्देश्य :

इस शिविर का उद्देश्य है, विश्व का हर इंसान 'मैं कौन हूँ' इस सवाल का जवाब जानकर सर्वोच्च आनंद में स्थापित हो जाए। उसे ऐसा ज्ञान मिले, जिससे वह हर पल वर्तमान में जीने की कला प्राप्त करे। भूतकाल का बोझ और भविष्य की चिंता इन दोनों से मुक्त हो जाए। हर इंसान को जीवन में स्थाई खुशी और सही समझ मिले। साथ ही उसे समस्याओं को विलीन करने की कला आ जाए। मनुष्य जीवन का उद्देश्य पूर्ण हो। 'मैं कौन हूँ? मैं यहाँ क्यों हूँ? मोक्ष का अर्थ क्या है? क्या इसी जन्म में मोक्ष प्राप्ति संभव है?' यदि ये सवाल आपके अंदर हैं तो महाआसमानी परम ज्ञान शिविर इसका जवाब है।

महाआसमानी– अल्प परिचय

हैपी थॉट्स सरश्री
(इंग्लिश) यूट्यूब चैनल

यह ग्रंथ पढ़ने के बाद आप अपने अभिप्राय इस ई-मेल आय डी पर पोस्ट कर सकते हैं- books.feedback@tejgyan.org

सरश्री द्वारा रचित पुस्तकों की जानकारी

सरश्री ने विविध विषयों पर १५० से अधिक पुस्तकों का लेखन किया है, जिनमें से 'विचार नियम', 'विश्वास नियम' 'स्वसंवाद का जादू', 'स्वयं का सामना', 'स्वीकार का जादू', 'निर्णय और ज़िम्मेदारी', 'नि:शब्द संवाद का जादू', 'संपूर्ण ध्यान' आदि पुस्तकें बेस्टसेलर बन चुकी हैं। इनमें से कुछ पुस्तकें दस से अधिक भाषाओं में अनुवादित की जा चुकी हैं और प्रमुख प्रकाशकों द्वारा प्रकाशित की गई हैं, जैसे पेंगुइन बुक्स, जैको बुक्स, मंजुल पब्लिशिंग हाऊस, प्रभात प्रकाशन, राजपाल ऍण्ड सन्स, पेंटागॉन प्रेस, सकाळ प्रकाशन इत्यादि।

विचार नियम
आपकी कामयाबी का रहस्य

विश्वास नियम
सर्वोच्च शक्ति के सात नियम

पुस्तकें ऑर्डर करने के लिए लॉग इन करें
- www.gethappythoughts.org
पुस्तकों की अधिक जानकारी के लिए संपर्क करें-
फोन नं.: 09011013210

तेजज्ञान फाउण्डेशन - मुख्य शाखाएँ

पुणे (रजिस्टर्ड ऑफिस) – विक्रांत कॉम्प्लेक्स, तपोवन मंदिर के नज़दीक, पिंपरी, पुणे-४११ ०१७. फोन : 020-27411240, 27412576

मनन आश्रम – सर्वे नं. ४३, सनस नगर, नांदोशी गाँव, किरकटवाडी फाटा, तहसील- हवेली, जिला- पुणे - ४११ ०२४. फोन : 09921008060

- विश्व शांति प्रार्थना -

'पृथ्वी पर सफेद रोशनी (दिव्य शक्ति) आ रही है।
पृथ्वी से सुनहरी रोशनी (चेतना) उभर रही है।
विश्व से सारी नकारात्मकता दूर हो रही है।
सभी प्रेम, आनंद और शांति के लिए
खुल रहे हैं, खिल रहे हैं।'

यह 'सामूहिक अव्यक्तिगत प्रार्थना' तेजज्ञान फाउण्डेशन के सदस्य पिछले कई सालों से निरंतरता से कर रहे हैं। खुश लोग यह प्रार्थना कर सकते हैं और बीमार, दुःखी लोग उस वक्त एक जगह बैठकर इस प्रार्थना को ग्रहण कर स्वास्थ्य लाभ पा सकते हैं।

यदि इस वक्त आप परेशान या बीमार हैं तो रोज़ सुबह या रात 9:09 को केवल ग्रहणशील होकर इस भाव से बैठें कि 'स्वास्थ्य और शांति की सफेद रोशनी जो इस वक्त प्रार्थना में बैठे कई लोगों द्वारा नीचे पृथ्वी पर उतर रही है, वह मुझमें भी अपना कार्य कर रही है। मैं स्वस्थ और शांत हो रहा हूँ।' कुछ देर इस भाव में रहकर आप सबको धन्यवाद देकर उठें।

*** नम्र निवेदन ***

विश्व शांति के लिए लाखों लोग हर दिन सुबह और रात ९ बजकर ९ मिनट पर ऊपर दी गई प्रार्थना करते हैं। साथ ही भारतीय समय अनुसार हर दिन सुबह ६.१५, दोपहर ३.३० और रात ९.०० बजे भी यूटयूब के ज़रिए 'ध्यान प्रार्थना बीज' प्रसारित होती है। कृपया आप भी इनमें शामिल हो जाएँ।

हॅपी थॉट्स परम ज्ञान
यूट्यूब चैनल

www.ingramcontent.com/pod-product-compliance
Lightning Source LLC
LaVergne TN
LVHW041852070526
838199LV00045BB/1558
* 9 7 8 9 3 9 0 1 3 2 4 2 3 *